Kompetent evangelisch

Lehrbuch für den evangelischen Religionsunterricht
10. Jahrgangsstufe

Max W. Richardt
unter Mitarbeit von Martina Steinkühler

Vandenhoeck & Ruprecht

Vorwort

Liebe Lehrerinnen und Lehrer,
liebe Schülerinnen und Schüler,

Kompetent evangelisch 10 soll Sie im nächsten Schuljahr begleiten und den gemeinsamen Unterricht für Sie interessant und anregend machen. Mit den beiden Folgebänden *Kompetent evangelisch 11 und 12* führt Sie das Lehrbuch bis zum Abitur. Alle drei Bände zusammen umfassen neben dem bayerischen Lehrplan auch die zentralen Elemente des Kerncurriculums, wie es 2010 von der Evangelischen Kirche Deutschlands vorgegeben wurde. 10

Max W. Richardt (geb. 1951), Seminarleiter für Evangelische Religionslehre, unterrichtet an einem Münchener Gymnasium.

Die zwölf Kapitel des Buches präsentieren die fünf Themenbereiche des Lehrplans in leicht geänderter Abfolge: Am Anfang steht die Begegnung mit dem Phänomen *Religion und Religionen* im eigenen Leben und in der gesellschaftlichen Öffentlichkeit (Kapitel 1 und 2). 15 Kapitel 3 thematisiert die Begegnung der Religionen untereinander in der Mission und dem Nebeneinander verschiedener Glaubensformen in der pluralistischen Gesellschaft.

Die Kapitel 4, 5 und 6 befassen sich mit der *Bibel*. Zunächst geht es dabei um die Voraussetzungen der Schriftauslegung, auch im Vergleich mit anderen Buchreligionen. Anschließend wird 20 in zwei Kapiteln anhand der apokalyptischen Tradition ein Durchgang durch Altes und Neues Testament unternommen, wobei die verschiedenen Methoden der Bibelauslegung praktisch angewendet werden.

25

Die Kapitel 7 und 8 erschließen das Themenfeld „*Tod und Leben*". Gefühle und Erfahrungen mit dem Sterben und der Trauer im eigenen Leben werden ausgetauscht und bedacht. Vorstellungen des christlichen Glaubens und anderer Religionen werden daraufhin untersucht, inwieweit sie bei der Bewältigung solcher Lebenserfahrungen helfen können.

30

Die Kapitel 9 und 10 greifen das Feld *Tun und Lassen* mit den ethischen Themen *Eigentum* und *Wahrheit* auf und geben Hilfen, um anhand konkreter, aktueller Fragestellungen Grundformen der ethischen Argumentation und Begrifflichkeit zu erlernen und anzuwenden.

In den Kapiteln 11 und 12 wird ein Einblick in die fremde Glaubens- und Denkwelt des 35 Buddhismus vermittelt. Dabei dienen hinduistische Vorstellungen nur als grober weltanschaulicher Rahmen (Kapitel 11), um den Weg des Buddha im Ansatz verstehen zu können.

Die gegenseitigen Beziehungen der Themen und Inhalte werden an vielen Stellen durch Randglossen sichtbar gemacht, sodass jeder Diskussionsgegenstand dadurch zusätzliche Facetten 40 und Perspektiven erhält und zu einem vernetzten Arbeiten eingeladen wird.

Ich wünsche Ihnen viel Freude bei der Arbeit!

Max W. Richardt

Inhalt

Zum Gebrauch des Bandes

Die Texte der einzelnen Kapitel tragen unterschiedliche Kennzeichnungen, je nach ihrer Verbindlichkeit im Lehrplan:

Symbol 1 (verbindlich): verweist auf einen Text oder einen genau umrissenen Inhalt, der vom Lehrplan als verbindlich ausgewiesen wird und behandelt werden muss.

Symbol 2 (Basis): kennzeichnet Texte, die nötig sind, um verbindliche Lernziele zu erreichen und ein entsprechendes Grundwissen abzusichern.

Symbol 3 (Wahl): kennzeichnet Elemente und Texte, die Zusammenhänge zwischen einzelnen Lerninhalten herstellen und als Beispiele Sachverhalte anschaulich machen. Je nach Schwerpunktsetzung kann dies aber auch auf andere Weise erreicht werden.

Symbol 4 (Vertiefung): kennzeichnet Elemente, die zu einem vertieften Verständnis der theologischen Zusammenhänge führen.

Die Aufgaben dienen zur selbstständigen Erarbeitung des Stoffes, der im Lehrbuch angeboten wird. Die Formulierung der Aufgaben folgt den vorgeschriebenen Operatoren und führt zur Bearbeitung von Abituraufgaben hin.

Mit grauen Quadraten gekennzeichnete Aufgaben sind mit Zusatzmaterialien zu lösen und regen eine eigenständige Informationsbeschaffung an.

Das selbstständig zu erarbeitende Glossar der Fachbegriffe legt ein Fundament für die beiden kommenden Jahre und sollte weiter zur Verfügung stehen.

Die Kompetenzen am Ende jedes Kapitels sollen dem Schüler die Möglichkeit bieten, in eigener Verantwortung zu überprüfen, ob die Ziele erreicht wurden. Sie könnten auch zum Anlass genommen werden, bei Unklarheiten nachzufragen oder Teile des Kapitels ein zweites Mal durchzugehen. In dieser Rubrik finden sich auch Hinweise darauf, welche der Kompetenzen das im Lehrplan ausgewiesene **Grundwissen** der Jahrgangsstufe 10 aufbauen.

1 Religion im Leben

Photos : S. Leutenegger

Lieber Gott!

Es kann doch nicht so bleiben, wie es jetzt ist!
Es ist so ungerecht!

> Warum fehlt mir die Kraft,
> mein Leben in Ordnung zu bringen?
> Alles schlägt über mir zusammen.

Ich begreife nichts mehr,
mich nicht und nicht die anderen,
weil meine Not mich fest im Griff hat.
Ich fühle mich so einsam und isoliert.

> Ich weiß nicht mehr, was ich machen soll.
> Wer hilft mir aus dieser Lage heraus?
> Ist denn niemand für mich da?

Wie erleben junge Menschen Religion?

Zum Beispiel: Taizé

So viele verschiedene Jugendliche hier auf dem Hügel versammelt zu sehen, gleicht einem Fest und stärkt unsere Hoffnung, dass ein Zusammenleben der Menschen in Frieden möglich ist.

Frère Alois bei einem Treffen in der Versöhnungskirche

Lebensfreude miteinander teilen

Ich komme immer mit Freunden nach Taizé und schließe jedes Mal auch neue Freundschaften. Die Offenheit der Menschen schafft hier diese besondere Atmosphäre: jemanden anschauen und lächeln, einen Witz erzählen, sich kurz unterhalten oder einfach lachen. Mit anderen Worten, die Lebensfreude und die Freude des Zusammenseins miteinander teilen.

Filip aus Serbien

Die Stimme Gottes besser hören

Dies ist mein erster Besuch in Taizé, und wenn ich über meine Erfahrungen hier nachdenke, scheint es mir, dass ich in Stille und Frieden die Stimme Gottes besser vernehmen konnte. Ich habe auch gemerkt, dass ich zu viel zu Gott spreche und ihm keine Gelegen-
5 heit gebe, mir zu antworten – was letztendlich viel wichtiger ist, als ihm etwas zu sagen.
   Ich finde es anregend, andere Christen zu treffen und über Christus, die Schrift und andere geistliche Dingen zu reden, die meinen Glauben gestärkt und erneuert haben. So habe ich den Psalmvers
10 „Lasst ab und erkennt, dass ich Gott bin" (Psalm 46,11) verstanden. In Taizé konnte ich von der Anspannung und dem Stress des Alltags ablassen und einen Ort des Friedens, der Ruhe und des Gebets finden.

Joseph aus Australien

Religiöse Sozialisation

Von klein auf dabei ...

T3

Religion ist etwas, das von Anfang an zum Leben gehört. Man lernt Religion, so wie man seine Muttersprache lernt: man spricht sie und man lebt in ihr. Im Idealfall lernt man mit den Eltern zu beten, zu singen und in den Gottesdienst zu gehen. Man feiert die Feste des Glaubens in der Familie und niemand braucht einem zu erklären, was Weihnachten oder Ostern bedeutet. Man kennt die wichtigsten Texte wie das Vaterunser oder das Glaubensbekenntnis auswendig, ohne dass man genau sagen könnte, wann man sie gelernt hat. Die Geschichten des Glaubens sind einem vertraut und die Gestalten der Bibel sind ebenso bekannt wie die der Märchen. Die Riten und Bräuche, die man kennen lernt, geben dem Leben einen Rhythmus und vermitteln Sicherheit. Religion gibt Orientierung und Halt im Leben.

(Zeilenzahlen: 5, 10, 15)

Religiöse Freiheit
von Richard Dawkins

T4

Eltern haben kein gottgegebenes Recht, ihre Kinder auf irgendeine Weise kulturell zu indoktrinieren. Kurz gesagt, Kinder haben das Recht, dass ihr Geist nicht durch Unsinn verdorben wird, und wir als Gesellschaft haben die Pflicht, sie davor zu schützen.

Richard Dawkins (geb. 1941), britischer Zoologe und Evolutionsbiologe.

„Buddhisten in Deutschland", S. 170

„Wenn du einen Fisch fragst, warum er im Wasser ist, versteht er nicht, was du meinst. Erst wenn du ein Vogel bist und ins Wasser willst, musst du dich fragen, wie du in dem Wasser leben willst."

Toben tröstet
von Dieter Rothardt

Mit Papa unterwegs sein und die Alltagswelt erkunden, gemeinsam kleine und große Abenteuer erleben, sich auf Papa verlassen können, wenn er gebraucht wird – auf den ersten Blick
5 hat das noch nicht viel mit religiöser Erziehung zu tun. Aber ein zweiter Blick zeigt, wie sehr im mehr oder weniger alltäglichen Miteinander von Vätern und Kindern Beziehungsmuster vorkommen, die für das Verstehen
10 religiöser Rede von Gott eine Rolle spielen. Dass Gottes Spuren in der Welt gesehen werden können, dass Gott Mut macht, Neues zu wagen, dass man Gott vertrauen kann, wie einem verlässlichen Vater – das kann nur ver-
15 standen werden, wenn Vergleichbares im Leben schon einmal irgendwo vorgekommen ist. Mit diesem Hinweis soll nun nicht ein besonders männliches Gottesbild gezeichnet werden. Aber Rede von Gott bewegt sich in
20 Bildern aus dem familiären Beziehungsgefüge. (…)

Zum Beispiel fahren Väter mit den Kindern los, um Weihnachtsbäume für den Kindergarten oder die Kirche zu besorgen. Ein kleines
25 Abenteuer, aber auch Anlass für den Austausch darüber, was den Vätern und den Kindern an Weihnachten wichtig ist und was das Besondere ist an diesem christlichen Fest. Oder beim Aufbau der Weihnachtskrippe kommt einmal Joseph in den Mittelpunkt und mit ihm der Gedanke, dass alle Kinder eigent-
30 lich von Gott kommen und die Frage, für welches Vaterbild und für welche Vatererfahrungen der Joseph steht. Oder da wäre die Erzählung von Joseph und seinen Brüdern und der Spaß am bunten Rock und die Erfahrungen mit den Gefahren und Chancen des Andersseins. Oder da wäre die Erzählung vom Kampf Jakobs, der
35 eine ganze Nacht an einem Fluss um den Segen Gottes ringt und die Frage, was es bedeutet, wenn Väter ihren Kindern Segen versagen.

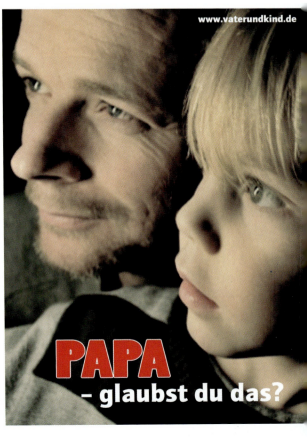

www.vaterundkind.de

PAPA
– glaubst du das?

T5

Dieter Rothardt (geb. 1956), Landespfarrer für Männerarbeit im Institut für Kirche und Gesellschaft.

11

Erwachsen werden

Religiöse Mündigkeit im Judentum
von Heinrich Simon

Mit dreizehn Jahren wird der Knabe ein „Sohn der Pflicht" (Bar-Mizwa). Das bedeutet, dass er alle Rechte und Pflichten eines Mitglieds der jüdischen Gemeinschaft übernimmt und dass sein Vater für ihn hinsichtlich der Erfüllung der religiösen Pflichten nicht mehr verantwortlich ist. Als Bar-Mizwa wird der Knabe von nun an zum Minjan – der Anzahl von zehn religiös mündigen Männern, die zur Abhaltung eines Gottesdienstes erforderlich sind – gerechnet. Dem Fest der Bar-Mizwa geht üblicherweise ein Vorbereitungsunterricht voraus, in dem ein Lehrer oder Rabbiner den Jungen das Vortragen des Tora-Abschnittes, das Anlegen der Gebetsriemen und des Gebetsmantels lehrt sowie ihn über seine religiösen Pflichten aufklärt.

Die evangelische Konfirmation – Ja! sagen
Informationstext der EKD

„Missionsauftrag", S. 32 ⟳

Die Kirche, in der Säuglinge und Kinder getauft werden, übernimmt zugleich die Verantwortung dafür, dass die heranwachsenden Getauften in die Lage versetzt werden, über ihren Glauben Rechenschaft abzulegen. Damit sich Jugendliche zum christlichen Glauben bekennen können, muss er ihnen zuvor nahegebracht worden sein. Die Verpflichtung zur Unterweisung leitet die Kirche aus dem Taufbefehl Jesu ab (Matthäus 28,18–20). Die Konfirmation (lat: *confirmatio* = Bekräftigung, Stärkung) versetzt Menschen in die Lage, mit eigenen Worten ihren Glauben zu formulieren. (…) Der heute ein- bis zweijährige Konfirmandenunterricht, der im Konfirmationsgottesdienst seinen Abschluss findet, (…) dient der Erneuerung und Vergewisserung der Taufzusage. Konfirmation stellt in erster Linie eine Segenshandlung dar. Mit der Konfirmation erhalten die jungen Leute auch kirchliche Rechte: Sie sind zur Teilnahme am Abendmahl zugelassen und können das Patenamt übernehmen.

Die katholische Firmung
Informationstext der katholischen Kirche Deutschlands

Die Firmung ist wie die Taufe und die Erstkommunion ein Initia-
tionssakrament auf dem Weg zum Christsein. Sie verleiht den meist
jugendlichen Firmlingen den Heiligen Geist, um sie in der Glaubens-
gemeinschaft fester zu verwurzeln und die Verbindung zu Jesus
5 und der katholischen Kirche zu stärken. Gefirmte Christen sind aufgerufen sich an der Aussendung des Glaubens zu beteiligen und in
Wort und Tat für den christlichen Glauben Zeugnis zu geben.
Taufe und Firmung gehören eng zusammen. Bei der sakramentalen
Aufnahme Erwachsener in die Kirche werden Taufe und Firmung
10 in einer Feier gespendet.

Die Jugendweihe
Verein Jugendweihe Deutschland e.V.

Die Feier zur Jugendweihe ist ein festlich, öffentlich und familiär
gestalteter Übergang von der Kindheit ins Jugendalter, den viele
Mädchen und Jungen im Alter von 14 Jahren gemeinsam mit ihren
Eltern, Großeltern, Verwandten und Freunden begehen, die nicht
5 an eine Konfession gebunden sind.

Welche Werte werden vermittelt?
Viele Jugendliche suchen recht bewusst nach dem Sinn ihres Lebens,
nach Unterstützung und Anregungen, nach Orientierungshilfen.
10 All das sind Ausgangspunkte für die
Inhalte und Aufgaben der Jugendweihe,
auf die die Mitgliedsvereine von Jugendweihe Deutschland e.V. in Vorbereitung
auf die Feiern mit speziellen Angeboten
15 für die Teilnehmer oder im Rahmen
eines festen Kurssystems reagieren.

Themenbereiche sind zum Beispiel
– Erwachsen werden
20 – Geschichte verstehen
– Demokratie erleben
– Einen Beruf finden
– Großveranstaltungen und Events

13

Nach der kirchlichen Sozialisation, die Kinder durch Religions-
und Konfirmandenunterricht erfahren, verändert sich die Beziehung
zur Kirche, durch die Trennung vom Elternhaus, die Berufsaus-
bildung und den Eintritt ins Berufsleben. Manche treten aus der
Kirche aus. Andere ziehen sich aus dem Gemeindeleben zurück, 5
ohne ihre innere Bindung an christliche Werte damit aufzugeben.
Viele bleiben ihrer Kirche weiterhin verbunden und leisten selten
engagierte Arbeit.

Allen bietet die Kirche Begleitung durch ihr ganzes Leben. Wie
wichtig das für die Menschen ist, zeigt die Tatsache, dass sich fast 10
zwei Drittel aller evangelischen Paare nach der standesamtlichen
Eheschließung kirchlich trauen lassen.

Mit der Geburt der Kinder werden häufig auch die Kontakte zur
Kirchengemeinde wieder aufgenommen. Es folgen Taufe und Konfirmation der Kinder und am Ende des Lebens schließlich die 15
kirchliche Bestattung.

Der seelsorgerliche Beistand, mit dem Pfarrerinnen und Pfarrer
die Menschen durch ihr Leben begleiten, ist statistisch allerdings
nicht erfassbar.

Übersicht über die evangelischen Kirchenmitglieder

	Anhalt	Baden	Bayern
Kirchenmitglieder	45.987	1.270.290	2.570.041
– darunter unter 15 Jahren	2.537	158.388	342.495
Kindertaufen	259	9.732	20.962
Konfirmationen	163	12.665	25.785
Trauungen	116	3.105	6.045
Eltern-Kind-, Kinder- und Jugendgruppen (Teilnehmende)	1.501	22.693	52.153
Evangelische Verstorbene	893	15.912	31.441
Austritte	156	7.291	17.828
Aufnahmen einschließlich Erwachsenentaufe	129	2.597	4.685

Religion in Deutschland

Junge Erwachsene glauben nicht weniger an Gott bzw. etwas Göttliches und an ein Weiterleben nach dem Tode als die Gesamtbevölkerung. Von den 18- bis 29-Jährigen zeigen sich 41 % stark und 30 % mit mittlerer Intensität von diesen Glaubenssätzen überzeugt; in
5 der Gesamtbevölkerung liegen diese Anteile bei 42 % bzw. bei 27 %.

Die Bedeutung der Religion für den Alltag lässt auf eine Kontinuität durch die Generationen hindurch schließen, zumindest wenn es um die existenziellen Fragen geht. Wie bei der Gesamtbevölkerung ist auch den jungen Erwachsenen wichtig, dass ihnen der
10 Glaube bei den entscheidenden Lebensereignissen zur Seite steht.

Ebenso – und mit annähernd gleichen Werten – erwarten sie von ihm Antworten auf den Sinn des Lebens und Unterstützung im Umgang mit Lebenskrisen. In Bezug auf die Sexualität sind ihnen Glaube und Religion ähnlich unwichtig wie der Gesamtbevölkerung.
15 Im Sozialverhalten dagegen verlieren Glaube und Religion anscheinend an Einfluss. In Sachen Erziehung, Partnerschaft, Arbeit und Beruf, Freizeit und Umgang mit der Natur liegen die Werte der jungen Erwachsenen signifikant unter denen der Gesamtbevölkerung.

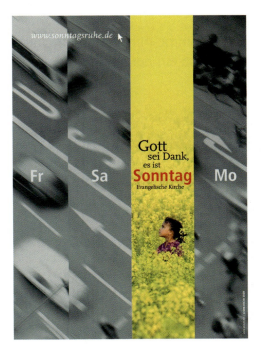

Der tragende Gehalt der Kultur ist die Religion.
Und die notwendige Form der Religion ist die Kultur.

Paul Tillich

15

Feste feiern, wie sie fallen?

„Ich komme mir schon manchmal vor wie ein Zeremonienmeister!"

von Hartmut Gericke

Ich erlebe es in meiner Gemeinde: Man geht keine regelmäßigen Verpflichtungen mehr ein. Nichts mehr mit sonntags in den Gottesdienst, dienstags zum Ökumenekreis, einmal im Monat Besuchsdienst.

Das Bedürfnis nach Kirche kristallisiert sich da, wo Schwellen 5 überschritten werden. Wenn das Kind getauft, eingeschult, konfirmiert wird – dann ist der Pfarrer als Zeremonienmeister gefragt: Ein schöner Gottesdienst soll es sein, gute Worte, was fürs Herz, was zum Mitnehmen und Erinnern. Eventuell sogar Segen.

Das lasse ich mir gern gefallen. Aber ich frage mich schon: Wo sind 10 die Grenzen bei den Übergängen? Wenn nur noch gefilmt und fotografiert und mitgeschnitten wird? Wenn die Feier wichtiger ist als das Wort und der Pfarrer mit der Liturgie eigentlich nur stört? Gewiss, ich will den Menschen in ihren Bedürfnissen entgegenkommen. Aber sie sollten wissen, was sie bei mir suchen … 15

Hartmut Gericke (geb. 1939), evangelischer Pfarrer.

Aufgaben

Abbildungen haben keine eigene Nummerierung; sie werden in die Zusammenhänge der Aufgaben zum Text (T1 ...) eingebettet.

T1 – Erzählen Sie eine Vorgeschichte zu dieser Situation. Vergleichen Sie Ihre Einfälle in der Gruppe und leiten Sie daraus Anlässe für Gebet und Glauben ab.

T2 ▣ Vergleichen Sie diese und andere Stellungnahmen Jugendlicher zum besonderen Erlebnis Taizé. Schreiben Sie eine fiktive Reportage über diesen besonderen Ort.

T3 – Wie lernt ein Kind die Religion kennen?
– Informieren Sie sich über den Begriff „religiöse Sozialisation" und notieren Sie dann
T4 wichtige innere und äußere Stationen Ihrer eigenen religiösen Biografie.
T5 – In der religiösen Sozialisation werden Verhaltensweisen, Werte und Vorstellungen von einer Generation auf die nächste übertragen. Das geschieht aber niemals ohne Brüche. Beschreiben Sie dazu Ihre eigenen Erfahrungen.
– „Selbstverständliche religiöse Sozialisation oder ein religiöses Vakuum in der Erziehung?" – Erörtern Sie diese Alternative aus der Sicht der Eltern wie der Jugendlichen und der Gesellschaft.

T6 – Bar Mizwa, Konfirmation, Firmung: Tragen Sie Ihr **Grundwissen** aus den vergangen
T7 Jahrgangsstufen über die religiöse Bedeutung dieser Feste zusammen!
T8 – Stellen Sie Vergleiche an und beurteilen Sie aus eigener Erfahrung (als Konfirmierter oder Nicht-Konfirmierter), ob bei diesen
T9 Feiern das Religiöse oder eher die Veränderung des gesellschaftlichen Status (Erwachsen-Werden) eine Rolle spielt.
– Prüfen Sie, ob das Tillich-Zitat auf Seite 15 zur Klärung beiträgt.
▣ Informieren Sie sich über die Entstehung der sog. „Jugendweihe" und ihre heutige Bedeutung.

▣ Sammeln Sie Gründe, warum Jugendliche sich von der Jugendweihe z. T. stärker angezogen fühlen, als von den kirchlichen Angeboten.

T10 – Untersuchen und interpretieren Sie die Statistiken der Evangelischen Kirche hinsicht-
T11 lich folgender Problemstellungen: Schwerpunkte kirchlicher Arbeit, Akzeptanz der Angebote, Vergleich der Bundesländer, Zukunftsprognosen.
– Untersuchen Sie kritisch die Deutung der Statistik durch den Text T10!
▣ Untersuchen Sie die Rolle, die der schulische Religionsunterricht hinsichtlich der Religionsbindung Jugendlicher spielt. Beginnen Sie damit, eine Statistik der Teilnahme am evangelischen/katholischen Religionsunterricht, Ethikunterricht, ... an Ihrer Schule mit den landesweiten Zahlen zu vergleichen.
– Diskutieren Sie: Ist der arbeitsfreie Sonntag ein überholtes christlich-kirchliches Privileg oder eine kulturelle Errungenschaft in unserer modernen Gesellschaft?
– Beziehen Sie das Zitat von Paul Tillich und auch die (vermutlichen) Argumente des Atheisten Richard Dawkins (T4) mit ein.

T12 – Der Pfarrer als Zeremonienmeister bei den biografischen Übergängen im Leben?
– Diskutieren Sie, bei welchen Schwellensituationen der Beistand eines Pfarrers hilfreich oder entbehrlich ist und versuchen Sie zu erklären, warum die kirchlichen Rituale (T15, S. 42) für viele Menschen auch ohne Glaubenshintergrund so attraktiv sind.
– Diskutieren Sie im „Kirchenvorstand": Wie viel digitales Dokumentieren wollen Sie bei Taufen/Konfirmationen/Hochzeiten/Beerdigungen zulassen? Wie wollen Sie Ihren Standpunkt nach außen vertreten?

Fachbegriffe

Legen Sie ein eigenes Vokabelverzeichnis religiöser /
theologischer Fachsprache an: eine Datei, die Sie von
Kapitel zu Kapitel vervollständigen und am Ende
des Schuljahrs als Sammlung zur Verfügung haben:

- ▶ Bar-Mizwa
- ▶ Firmung
- ▶ Jugendweihe
- ▶ Religiöse Sozialisation

Erarbeiten Sie die Definitionen der Begriffe gemeinsam
und für alle verbindlich.

Kompetenzen

Ich kann

- meine eigene religiöse Sozialisation beschreiben und
reflektieren

- Unterschiede zwischen religiöser Erziehung in Familie und
Religionsunterricht in der Schule beschreiben und werten

- erläutern, wie die Kirche auf die religiösen Bedürfnisse der
Menschen in Umbruchsituationen eingeht

- an konkreten Beispielen erklären, wie kulturelle und
religiöse Elemente in spannungsvoller Verbindung stehen

Wir sind in allen Lagen für Sie da!

 T1

Diakonie 🔀

Sie befinden sich in einer schwierigen sozialen und | oder psychischen
Situation? Sie brauchen schnell und unbürokratisch Hilfe
und Unterstützung? Die Beraterinnen und Berater der Allgemeinen
Sozialberatung helfen Ihnen. Egal, um welche Sorgen und
Probleme es sich auch handelt.
Die Beratung ist kostenlos.

Wir bieten Ihnen

- Zeit, um im persönlichen Gespräch über Ihre Situation
  reden zu können
- Vertraulichkeit und Verschwiegenheit
- Fachlich qualifizierte Information und Beratung
- Hilfe bei der Überwindung von materiellen Notsituationen
- Klärung Ihrer Ansprüche auf Sozialleistungen
  (z. B. ALG II, Sozialhilfe etc.)
- Unterstützung bei der Antragstellung und Durchsetzung Ihrer
  Rechtsansprüche
- Hilfe bei der Bearbeitung von belastenden Gefühlen wie Angst,
  Trauer, Hoffnungslosigkeit, Verzweiflung oder Wut
- Beratung bei Schwierigkeiten und Konflikten mit anderen Menschen
- Unterstützung beim Finden von neuen Handlungs-
  und Lösungsmöglichkeiten
- Information über und Vermittlung von weitergehenden Hilfen
  anderer Einrichtungen
- Gemeinsame Suche von Zukunftsperspektiven
- Hilfe auch für Ihre Angehörigen bzw.
  wichtige Menschen in Ihrem Umfeld

Paarberatung
Informationstext der Evangelischen Beratung

Sie sind nicht mehr zufrieden in Ihrer Ehe oder Partnerschaft? Sie wollen, dass sich etwas ändert? Sie sind nicht sicher, ob und wie das geht? Rund 350 Beratungsstellen für Eheberatung und Paarberatung in Trägerschaft von Diakonie und evangelischer Kirche unterstützen Sie dabei, eine Lösung zu finden. (...) Eheberatung und Paarberatung möchte Sie unterstützen, einen Weg aus der Krise zu finden, der zu Ihnen und Ihrer Lebenssituation passt. Sie treffen bei uns gut ausge-bildete Beraterinnen und Berater, die viel Erfahrung mit Paarkonflikten und deren Lösungen haben. Sie sind uns willkommen, als Frau, als Mann, alleine oder als Paar. Wir unterstützen Sie unabhängig davon, was Sie glauben und woher Sie kommen. Niemand erfährt von Ihrem Anliegen – die Beraterinnen und Berater unterliegen der Schweigepflicht.

Wenn Sie wollen, behalten Sie auch Ihren Namen für sich.

Notfallseelsorge
von Oliver Gengenbach

Ein Notfallseelsorger erzählt: *Am Nachmittag wurden wir zu einem Autobahn-Unfall gerufen – ein 35-jähriger Mann hatte einen Herz-stillstand erlitten und war mit dem PKW an die Leitplanke geknallt. Die Rettungsassistenten und der Notarzt reanimierten und brachen*
5 *schließlich die Behandlung erfolglos ab. Gemeinsam mit einem Poli-zeibeamten überbrachte ich die Todesnachricht der Ehefrau. Später fuhren wir gemeinsam auf die Intensivstation. Frau W. nahm von dem Verstorbenen Abschied, ich sprach Gebet und Aussegnung. Ich brachte Frau W. nach Hause, und auf dem Weg bat sie mich, die*
10 *Beerdigung zu übernehmen.*

Der Auftrag der Seelsorge in der Notfallsituation ist es, das Evange-lium von der Liebe Gottes in Jesus Christus zum Ausdruck und zur Gestalt zu bringen, und zwar auch und gerade in Situationen von
15 Leid, Schrecken, Tod und Gewalt. Anders ausgedrückt: Der Not-fallseelsorger ist Botschafter des Lebens an der Stelle des plötzlich hereinbrechenden Todes. Er trägt eine Erfahrung, eine Gewissheit, eine Hoffnung, einen Glauben in sich. Aus der Liebe Gottes kom-mend wagt er sich an die Grenzen des Lebens. Freilich kann die
20 Erfahrung verblassen, die Gewissheit wanken, die Hoffnung müde werden und der Glaube verzweifeln. Aber dies ist der Ausgangs-punkt christlicher Seelsorge.

Oliver Gengenbach (geb. 1956), ev. Pfarrer, Synodalbeauftragter für Notfallseelsorge im ev. Kirchenkreis Hattingen-Witten.

Religionen, statistisch

Religiöse Gesellschaft?
Religionsmonitor der Bertelsmannstiftung

T4 Rein formal [gehören] circa 70% der Menschen hierzulande einer Religionsgemeinschaft an. Jeweils rund 30% der Deutschen sind entweder römisch-katholisch oder Mitglieder der evangelischen Landeskirchen. Etwa 3% gehören kleineren christlichen Gemeinschaften oder einer dem Christentum nahe stehenden Gruppe an, 5 deren Zahl in Deutschland auf mehrere 100 geschätzt wird. Rund 3% verstehen sich als evangelisch-freikirchlich und rund 1% sind orthodoxe Christen.

Etwa 4% der Bevölkerung in Deutschland gehören dem Islam an, gefolgt von 0,3% Buddhisten, 0,2% Juden und 0,12% Hindus. Neu- 10 religiösen Gemeinschaften sowie dem esoterischen Spektrum gehören etwa 0,8% der Bevölkerung an. Rund 29% der Deutschen gehören dagegen keiner Religionsgemeinschaft oder religiösen Strömung an – ein Wert, der im internationalen Vergleich sehr hoch ist. Im Weltmaßstab beträgt der Anteil der Nichtreligiösen im 15 Durchschnitt 16,5%.

Die Landschaft wird bunter...

T5 War Deutschland noch vor ein paar Jahrzehnten vom Gegenüber zweier in etwa gleich starker christlicher Konfessionen bestimmt, so ist die religiöse Landschaft heute erheblich bunter und vielfältiger geworden. Neue Akteure betreten die Bühne.

Die Vorsitzenden der „Zentralräte" von Juden und Muslimen melden 5 sich bei religiösen Themen, aber auch zu allgemeinen Fragen in der gesellschaftlichen Debatte lautstark zu Wort. Der Buddhismus bekommt nicht nur in den medienwirksamen Auftritten des Dalai Lama, sondern auch als attraktive und innerlich stärkende Religion immer größere Aufmerksamkeit. 10

Bald wird es in den Schulen neben dem traditionellen evangelischen und katholischen auch einen islamischen, jüdischen und christlich-orthodoxen Religionsunterricht geben.

Das immer wieder vorausgesagte Sterben der Religion ist nicht eingetreten. Allerdings entsteht hier auch ein Problem, sowohl für das 15 Selbstverständnis der religiösen Gruppen als auch für die Gesellschaft als Ganze: Wie halten wir es mit der Toleranz?

Religion und Recht

aus dem Grundgesetz der Bundesrepublik Deutschland

Artikel 3 (3) Niemand darf wegen seines Geschlechtes, seiner Abstammung, seiner Rasse, seiner Sprache, seiner Heimat und Herkunft, seines Glaubens, seiner religiösen oder politischen Anschauungen benachteiligt oder bevorzugt werden. Niemand darf wegen seiner Behinderung benachteiligt werden.

Artikel 4 (1) Die Freiheit des Glaubens, des Gewissens und die Freiheit des religiösen und weltanschaulichen Bekenntnisses sind unverletzlich.
(2) Die ungestörte Religionsausübung wird gewährleistet.

➜ *„Beliebigkeit", S. 144*

➜ *„Religionsfreiheit", S. 27*

Artikel 7 (1) Das gesamte Schulwesen steht unter der Aufsicht des Staates.
(2) Die Erziehungsberechtigten haben das Recht, über die Teilnahme des Kindes am Religionsunterricht zu bestimmen.
(3) Der Religionsunterricht ist in den öffentlichen Schulen mit Ausnahme der bekenntnisfreien Schulen ordentliches Lehrfach. Unbeschadet des staatlichen Aufsichtsrechtes wird der Religionsunterricht in Übereinstimmung mit den Grundsätzen der Religionsgemeinschaften erteilt. (…)

➜ *„Islam-Unterricht", S. 25*

Selbst bestimmen über Religion?

Die *Religionsmündigkeit* ist aus einem Reichsgesetz über die religiöse Kindererziehung übernommen. Danach kann ein Jugendlicher mit 14 Jahren selbst über seine Religionszugehörigkeit bestimmen. Ab dem 12. Lebensjahr kann ein Kind nicht mehr dazu gezwungen werden,
5 seine Religionszugehörigkeit zu wechseln (passive Religionsmündigkeit).
Unter *Religionsfreiheit* versteht man in der Regel die Freiheit des einzelnen Bürgers, eine Religion zu wählen und auszuüben (positive Religionsfreiheit), im Weiteren auch die Freiheit der Religionsgemeinschaften, für sich zu werben und in der Öffentlichkeit aufzutre-
10 ten. Andererseits beinhaltet Religionsfreiheit auch das Recht, von der Religionsausübung anderer nicht beeinträchtigt zu werden (negative Religionsfreiheit).

Islam in Deutschland?

Christian Wulff (geb. 1959), von 2010 bis 2012 Bundespräsident.

Okzident und Orient
aus einer Rede des ehemaligen Bundespräsidenten Christian Wulff

Zuallererst brauchen wir aber eine klare Haltung. Ein Verständnis von Deutschland, das Zugehörigkeit nicht auf einen Pass, eine Familiengeschichte oder einen Glauben verengt, sondern breiter angelegt ist. Das Christentum gehört zweifelsfrei zu Deutschland. Das Judentum gehört zweifelsfrei zu Deutschland. Das ist unsere 5 christlich-jüdische Geschichte. Aber der Islam gehört inzwischen auch zu Deutschland. Vor fast 200 Jahren hat es Johann Wolfgang von Goethe in seinem „West-östlichen Divan" zum Ausdruck gebracht: „Wer sich selbst und andere kennt, wird auch hier erkennen: Orient und Okzident sind nicht mehr zu trennen." 10

„Der Islam ist keine prägende Kraft unserer Kultur"
Interview mit Richard Schröder

Richard Schröder (geb. 1943), evangelischer Theologe.

Herr Schröder, Sie waren am 3. Oktober in Bremen dabei. Hat der Bundespräsident recht, wenn er feststellt: „Der Islam gehört inzwischen auch zu Deutschland"?
Der Islam gehört nicht zu den prägenden Kräften unserer Kultur. Er zählt nicht zu den prägenden Religionen unserer Geschichte. 5 Aber islamische Mitbürger sind eine Normalität geworden. Sie gehören zu uns. Sie besitzen die Religionsfreiheit. Moscheen zählen zum Bild unserer Städte.

Was macht das Verhältnis von Staat, Kultur und Religion in Deutsch- 10 *land aus?*
Für uns gibt es neben der Religion vor allem noch andere Dimensionen der Kultur. Unser Staat ist nicht christlich, er hat vielmehr weltanschaulich neutral zu handeln. All dies wurde durch die Aufklärung selbstverständlich. Diese Selbstverständlichkeiten gibt es 15 in der islamischen Welt nicht. Für uns sind sie aber unabdingbar.

Eine Forderung des Bundespräsidenten ist wenig beachtet worden: Der Ruf nach einem islamischen Religionsunterricht. Was halten Sie davon?

20 Es wäre schön, wenn an unseren Schulen ein islamischer Religionsunterricht angeboten würde. Das wäre mit dem Grundgesetz möglich, verbunden mit einer akademischen Ausbildung islamischer
Religionslehrer und analog zu den Regeln des christlichen oder
des – an wenigen Schulen existierenden – jüdischen Religionsunter-
25 richts. Wir sollten daher nach einem einheitlichen Ansprechpartner
für einen kooperativen Religionsunterricht suchen, wie er mit der
katholischen oder evangelischen Kirche gegeben ist. Mit diesem
Modell könnten muslimische Lehrer muslimischen Schülern einen
aufklärungsverträglichen Islam vermitteln.

"Grundgesetz Artikel 7/8",
S. 23

„Christen sollen Flagge zeigen"
aus dem Münchner Merkur

Berlin / München. Politiker und Kirchenvertreter haben die Christen in Deutschland zu selbstbewussterem Umgang mit ihrem Glauben aufgerufen.

Der evangelisch-lutherische Landesbischof in Bayern, Johannes
5 Friedrich, hat zu Mut und Überzeugung im Wettbewerb von Religionen aufgerufen. „Wenn wir nicht mehr für unseren Glauben ge-
radestehen können und wollen, dann, aber nur dann, ist unser
Abendland in Gefahr", so Friedrich. Es sei „sehr wohltuend" gewesen,
dass Bundespräsident Wulff in seiner Rede „ohne jeden Zweifel die
10 christlich-jüdische Tradition als die Grundlage unseres Werte-
systems betont hat."

Auch Bundeskanzlerin Angela Merkel (CDU) hat in der Integra-
tionsdebatte eine Auseinandersetzung mit dem Christentum ge-
fordert. „Nur wenn wir offener umgehen mit dem christlichen
15 Menschenbild, können wir auch selbstbewusst in den Dialog mit
anderen Religionen treten", sagte Merkel vor der Jungen Union
Mecklenburg-Vorpommern in Marlow.

Der Münchner Erzbischof Marx hält unterdessen eine breitere
Debatte über Integration und das Verhältnis von Kirche und Staat
20 für notwendig.

Religionsfreiheit?

Karriere mit Kopftuch
von Nadine Bös

Es gibt eine Episode im Leben von Marziya Özisli, die so sinnbildlich für ihre gesamte Karriere steht, dass sie beinahe konstruiert wirkt: Damals war die junge Anwältin noch Studentin 5 und suchte eine Referendariatsstelle in der Verwaltung. „Ich bekam eine Absage nach der anderen", berichtet die türkischstämmige Juristin. „Es war zum Verzweifeln." Irgendwann griff sie zum 10 Telefonhörer und rief die örtlichen Ämter an, eins nach dem anderen. Das Gewerbeamt schließlich lud sie zum Vorstellungsgespräch ein. „Dort saß ich dem Ausbildungsleiter gegenüber, 15

und wir verstanden uns prima", sagt Özisli. „Er hat mich sofort eingestellt." Am Ende des Vorstellungsgesprächs hielt er allerdings kurz inne. „Frau Özisli", sagte er, „damit Sie es wissen und keine Missverständnisse entstehen: Ich bin blind." Da nahm sie allen Mut zusammen und sagte: „Okay, und damit auch Sie es wissen: Ich 20 trage ein Kopftuch." – „Ist mir egal", antwortete der Ausbildungsleiter. „Ich sehe es ja nicht."

Scharfe Kritik am Kopftuch formuliert die in Istanbul geborene Autorin und Frauenrechtlerin Necla Kelek: „Wir Bürgerrechtlerinnen sehen darin den Versuch, die Apartheid der Frauen festzuschreiben." 25 Es sei Zeit anzuerkennen, dass das Kopftuch mit religiöser Verpflichtung nichts zu tun habe. Für Frauen, die wegen ihres Kopftuchs im Bewerbungsprozess scheitern, hat Kelek einen entsprechend einfachen Ratschlag: „Legt das Kopftuch ab!"

Marziya Özisli hat sich dazu trotz allem nicht durchringen können. 30 „Überlegt habe ich mir das natürlich", sagt die Anwältin. „Aber ich hätte mich gefühlt, als würde ich mich selbst verraten." Warum? „Mit Kopftuch fühle ich mich Gott näher – und sicherer." Nie hätten die Eltern sie gezwungen, das Kopftuch zu tragen, im Gegenteil sogar auf die Nachteile hingewiesen. „Meine Familie ist zwar sehr 35 religiös, aber nicht traditionell."

In bestimmten Branchen, in denen viel Kontakt zu muslimischen Ländern nötig sei oder die Kundschaft zum großen Teil aus Migranten bestehe, könne eine Kopftuchträgerin gar besonders ver-

40 trauensbildend wirken. „Wer Kopftuch trägt, signalisiert nämlich
   auch: Ich bin religiös, deshalb haue ich meine Kunden nicht übers
   Ohr."

   Marziya Özisli jedenfalls ist offensichtlich froh darüber, jetzt ihr
   eigener Chef zu sein. Zweimal am Tag sagt sie ihrer Sekretärin,
45 dass sie zehn Minuten ungestört sein will. Dann holt sie den Gebets-
   teppich aus dem Schrank und breitet ihn aus, direkt neben ihrem
   Schreibtisch. Manchmal dankt sie im Gebet Allah, dass sich in
   ihrem Beruf doch alles zum Guten gewandt hat.

Das Kreuz mit dem Kreuz
von Paul M. Zulehner

Der Europäische Gerichtshof für Menschenrechte hatte 2010 über die
Anbringung von Kreuzen in Schulzimmern zu entscheiden. Im März
2011 wurde das erstinstanzliche Urteil, das die Kreuze verboten hatte,
wieder aufgehoben.

Das „Kreuz-Urteil" des Europäischen Menschenrechtsgerichtshofs
ist Ausdruck eines Ringens um die Auslegung des Begriffs „Religionsfreiheit" und darum, wie sie politisch zu gestalten ist. Es gibt
zwei Wege. Der erste ist der Weg einer „negativen Religionsfrei-
5 heit": sie beruht darauf, dass in der Öffentlichkeit nichts vorkommen darf, was mit der Religion zu tun hat, darunter religiöse Symbole. Dies betrifft übrigens alle Religionen – egal, ob Christentum
oder den Islam. Das andere Konzept der Religionsfreiheit sehe ich
als eine „positive Religionsfreiheit": danach haben Religionen das
10 Recht, sich frei im gesellschaftlichen Leben darzustellen und sichtbar zu machen. Das (erste) Urteil des Menschenrechtsgerichtshofs
in Straßburg ist auf dem Konzept der negativen Religionsfreiheit
begründet. Sollte man konsequent die Spur dieses Konzepts ver-
folgen, würde man letztlich die Religionsfreiheit vernichten. Denn
15 es verlangt, dass gar keine Religion im öffentlichen Raum vorkommen darf – außer der „Religion der laïcité". Dieser Begriff ist auf
Frankreich zurückzuführen, wo die Religion aus der Öffentlichkeit
längst verdrängt und eine Art „Staatsreligion" (unter dem Namen
„laïcité") eingeführt wurde. Ich nenne das Religion, denn der
20 atheistische Humanismus ist auch eine Weltanschauung wie Religionen. Um konsequent zu sein, dürfte dann niemand auch im
Namen des Atheismus öffentlich auftreten.

Paul M. Zulehner (geb. 1939),
österreichischer Theologe und
katholischer Priester; einer
der bekanntesten Religions-
soziologen Europas.

„GG Art. 4", S. 23

„Religionsfreiheit", S. 23

Toleranz ist…

 T13

… eine Verpflichtung des Staates, alle Gruppen gleich
   zu behandeln.

… eine Verpflichtung der Christen, die sich aus dem Liebesgebot
   ergibt.

… ein Durchgangsstadium zur Anerkennung Andersdenkender.

… eine Tarnung für eigene Schwäche.

… die Nächstenliebe für Intellektuelle.

… die Gleichgültigkeit gegenüber der Wahrheit.

… eine rein äußerliche gesellschaftliche Modeerscheinung.

… die Basis für den inneren und äußeren Frieden.

Aufgaben

Abbildungen haben keine eigene Nummerierung; sie werden in die Zusammenhänge der Aufgaben zum Text (T1 …) eingebettet.

T1
T2
T3
- Informieren Sie sich über die Beratungsstellen des Diakonischen Werks bzw. der Caritas in Ihrer Umgebung: Wem wird geholfen und welche Kontaktmöglichkeiten gibt es?
- Entwickeln Sie Interviewfragen und stellen Sie sie Mitarbeitenden der Beratungsstellen vor Ort. Gehen Sie dabei auch der Frage nach, welche Rolle der Glaube in der Beratung spielt.
- Informieren Sie sich darüber, welche Vorsorge für Notfälle an Ihrer Schule getroffen wird und wie Sie sich an dieser Arbeit beteiligen können.

T4
T5
T6
- Erstellen Sie aus den im Text genannten Zahlen ein aussagekräftiges Diagramm. Kommentieren Sie den Befund.
- Informieren Sie sich auf der Internet-Seite „Religionsmonitor" der Bertelsmann-Stiftung über die aktuellen Zahlen.
- Aktivieren Sie Ihr **Grundwissen** über das Verhältnis von Kirche und Staat. Bilden Sie sich mit Hilfe von T5/T6 und Ihren eigenen Erfahrungen ein Urteil, ob und inwieweit die Probleme, die aus der neuen Situation entstehen, mit den entsprechenden Grundgesetzartikeln lösbar sind. Geben Sie ggf. Ergänzungsvorschläge.

T6
T7
- Prüfen Sie, wie weit die rechtlichen Bestimmungen über Religion und Religionsfreiheit in der Gymnasialen Schulordnung Ihres Landes zum Tragen kommen (zu finden über die Seite des Bayerischen Staatsministeriums für Unterricht und Kultus).
- Erklären Sie den Unterschied zwischen passiver und aktiver Religionsmündigkeit.

T8
T9
T10
- Die Rede des Bundespräsidenten hat eine breite Debatte darüber ausgelöst, welche Rolle der Islam in der deutschen Öffentlichkeit spielen soll. – Bereiten Sie eine Podiumsdiskussion vor, in der sich die verschiedenen Meinungen gegenüberstehen. Verfassen Sie eine „An-Moderation" zu diesem Thema.

T9
- In einzelnen Bundesländern wird islamischer Religionsunterricht (als Modellversuch) angeboten. Informieren Sie sich über die aktuellen Modelle und stellen Sie Pro- und Contra-Argumente für eine generelle Einführung zusammen.

T11
- Stellen Sie die „Schlüsselszene" aus Marziyas Leben nach. Kommentieren Sie anschließend das Geschehen aus der Perspektive von Necla Kelek.
- Verfassen Sie einen Leserbrief zu dem Zeitungsartikel über Marziya Özisli.
- In Bayern dürfen Schülerinnen Kopftuch tragen, Lehrerinnen nicht. Geben Sie eine Begründung für diese Regelung.
- Diskutieren Sie: Ist das Tragen des Kopftuchs „traditionell" oder „religiös" bedingt?

T12
- Untersuchen Sie, wie Paul M. Zulehner den Begriff „Religion" verwendet.
- Erarbeiten Sie präzise Definitionen der Begriffe „Laizismus" und „Religionsfreiheit (positive/negative)" auch im Rückgriff auf das Grundgesetz (T6).

T13
- Untersuchen Sie die Grafiken und Karikaturen und arbeiten Sie den jeweils zugrunde liegenden Toleranzbegriff heraus.
- Nehmen Sie Stellung: Verletzt eine der Karikaturen selbst die geforderte Toleranz?
- Suchen Sie selbst Karikaturen aus dem Internet bzw. stellen Sie eigene Ideen dar.
- Gestalten Sie mit den gesammelten Materialien ein Plakat für das schwarze Brett Ihrer Schule.

Fachbegriffe

Fügen Sie in Ihr Fachbegriffe-Verzeichnis ein:

▶ Laizismus (Laïcité)
▶ Religionsmündigkeit
▶ Religionsfreiheit
▶ Toleranz

Kompetenzen

Ich kann

▪ statistische Ergebnisse zum Thema „Religion und Gesellschaft" referieren und kommentieren

▪ die rechtliche Stellung der Religionen in Deutschland an Beispielen darstellen und begründen

▪ im konkreten Fall (Kopftuch, Kreuz) positive und negative Religionsfreiheit gegeneinander abwägen

▪ in der gesellschaftlichen Debatte um Christentum und Islam die wichtigsten Argumente nennen und selbst Stellung nehmen

▪ erklären, warum in der gegenwärtigen Situation der Gesellschaft das unterschiedliche Verständnis von Toleranz eine große Rolle spielt (**Grundwissen**)

3 Christus in der Welt

Machet zu Jüngern alle Völker

T1

Und Jesus trat herzu und sprach zu ihnen:
Mir ist gegeben alle Gewalt im Himmel und auf Erden.
Darum gehet hin und machet zu Jüngern alle Völker:
Taufet sie auf den Namen des Vaters

„Taufbefehl", S. 12

und des Sohnes und des Heiligen Geistes
und lehret sie halten alles,
was ich euch befohlen habe.
Und siehe, ich bin bei euch alle Tage
bis an der Welt Ende.   *(Mt 28,18–20)*

„In alle Welt…"

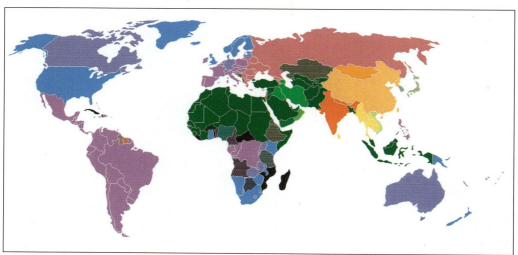

Vorherrschende Religion

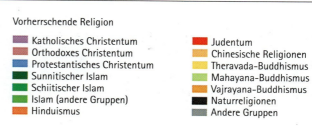

- Katholisches Christentum
- Orthodoxes Christentum
- Protestantisches Christentum
- Sunnitischer Islam
- Schiitischer Islam
- Islam (andere Gruppen)
- Hinduismus
- Judentum
- Chinesische Religionen
- Theravada-Buddhismus
- Mahayana-Buddhismus
- Vajrayana-Buddhismus
- Naturreligionen
- Andere Gruppen

Missionsmodelle

Mission als Christianisierung der Welt (Evangelisierungsfeldzug)

Gott hat die Apostel beauftragt, alle Menschen zu Christen zu machen. Erst wenn dieses Ziel erreicht ist, kann die neue Schöpfung Gottes Wirklichkeit werden. Es gilt, an dieser Mission mitzuarbeiten und den christlichen Glauben in alle Winkel der Erde zu tragen.

Mission als Seelenrettung (Konversionsmodell)

Der einzelne Mensch steht im Mittelpunkt, dessen Seele für Gott gewonnen werden soll. Ein Christ möchte seinen Glauben weitergeben und einen anderen Menschen „bekehren".

Mission als Kirchengründung (Plantationsmodell)

Kein Einzelner kann Christ sein, wo er nicht die Unterstützung der Gemeinschaft hat. Deshalb ist die Gründung einer neuen Kirche mit eigenen kulturellen Formen das Ziel der Mission. Mutter- und Tochterkirchen werden Partnerinnen.

Mission als Weltverantwortung (Schalom-Modell)

Christen wollen Mitarbeiter an der Ausbreitung des Reiches Gottes in der Welt sein. Mission bekämpft Unterdrückung, Ausbeutung, Aberglauben und Unterentwicklung auf der ganzen Welt, um Gottes Willen zu tun.

„Heiden-Mission"

T3

„Rückmission", S. 149

Nach den weißen Eroberern kamen die Missionare. Bis heute streitet man darüber, ob auch sie im Dienst des europäischen Kolonialismus standen oder ob sie ein Element darstellen, das dem Abenteuersystem Grenzen setzen wollte. Für beide gegensätzlichen Einschätzungen der Mission gibt es Belege. Heute wird in Europa die christliche Mission vielfach kritischer gesehen als in den ehemaligen Kolonialländern selbst.   5

Heidenpredigt.
Deutsch Neu Guinea.
Neuen Dettelsauer Mission.

Christus in Neuguinea

Leitfaden für Missionare (um 1900)
von Christian Keyßer

- Wenn du eine Tätigkeit beginnst, so beginne sie als Mensch unter Menschen, nicht als Herr unter Dienern, nicht als Beamter unter Nummern und auch nicht als Prediger unter Zuhörern.
- Liebe die „Heiden" und bringe ihnen *ihren* Gott (Apg 17,23).
5 - Erstes Erfordernis ist die Gewinnung des Vertrauens. Notwendig ist vor allem das Vertrauen der führenden Persönlichkeiten. Zur Gewinnung des Vertrauens ist gründliche Kenntnis notwendig. Darum mache Besuche. Unterhalte dich eingehend mit den Leuten. Gehe niemals flüchtig durch die Dörfer. Mache bei
10 den Unterredungen kein geistliches Getöne. Zeige lieber Interesse für die Menschen, ihre Arbeit und ihre Sorgen.
- Wichtig ist die Kenntnis der Sprache, der Ausdrücke, der Bilder, der Lieder, der Sagen. Kommst du als Missionar an eine schon längere Zeit bestehende Gemeinde, dann beginne unbedingt als
15 Lernender, nicht als Lehrender. Es ist möglich, dass dir ältere Christen zwar nicht an Kenntnissen, wohl aber an Erfahrung überlegen sind …

Christian Keyßer (1877–1961), Missionar in Papua-Neuguinea.

125 Jahre Mission und Kirche in Papua-Neuguinea
Peter Weigand, Direktor von Mission Eine Welt

Am 12. Juli 1886 landete Johann Flierl an der Küste der deutschen Kolonie Kaiser-Wilhelms-Land und begann eine Missionsarbeit, aus der die größte lutherische Kirche im pazifischen Raum entstand.
    Mehr als eine Million Lutheraner zählt die Kirche im heute unab-
5 hängigen Papua-Neuguinea. Johann Flierl war im Auftrag der Neuendettelsauer Mission in den nördlich von Australien gelegenen Inselstaat gereist. Auch nach 125 Jahren ist die Evangelisch-Lutherische Kirche von Papua-Neuguinea (ELC-PNG) mit der bayerischen Landeskirche eng verbunden. Mission EineWelt organisiert den
10 Austausch zwischen beiden Kirchen, unterstützt die Partner im Pazifik in inhaltlichen Fragen, wie auch finanziell und personell. So gehören Pfarrer aus Papua-Neuguinea, die für mehrere Jahre in einer bayerischen Gemeinde mitarbeiten, mittlerweile zum Alltag des partnerschaftlichen Austauschs. Der Beginn der Arbeit jährt
15 sich 2011 zum 125. Mal. Mission EineWelt begeht dieses Jubiläum mit einer Reihe von Veranstaltungen, zu denen wir herzlich einladen.

Kelaua

von Jochen Lay

Kelaua, nördlich von Mailang in Papua-Neuguinea. Die Hitze flimmert über den Bougainvillesträuchern. Vor seiner Hütte hockt ein älterer Mann. In der einen Hand ein Stück Holz, in der anderen ein Messer. Das Holz hält er zusätzlich mit den Knien. Mit dem Messer schnitzt er verbissen auf dem Holz herum. „Abinun", grüße ich, 5 und „Abinun", antwortet er mir. Ich hocke mich zu ihm, schaue bei der Arbeit zu. Das Holz nimmt Gestalt an. Rohe Formen sind zu erkennen. „Was wird das?" „Tingting bilong mi – etwas, das mir etwas bedeutet." Und dann erzählt er.

„Gestern haben wir meinen Sohn begraben. Er war ein guter Sohn." 10 Bald erfahre ich die ganze Geschichte. Linu war mit seiner Familie hierher aus dem Busch gekommen. Dann hatte ein Mitglied seines Stammes in Mailang eine alte Frau überfahren. Sie war einfach in den Lastwagen gerannt. Das Blut der Frau schrie nach Rache, wieder musste ein Mensch sinnlos sterben. Und so wurde der Sohn des 15 Alten mit der Axt erschlagen.

Während er stockend, langsam, fast unbeteiligt erzählt, schnitzt Linu immer weiter an dem Holz. Es wird ein Kreuz, ein Kruzifix. „Aber wir sind doch Christen", sagt er und um das roh wirkende Antlitz 20 entsteht eine Krone, ein Häuptlingsband. Das Gesicht des Christus ist das eines strengen Richters. Über ihm ein Vogel. Ist es eine Taube? Ein Toten- oder ein Ahnenvogel? Es wirkt, als hänge er an den Beinen aufgehängt, sein Schnabel zeigt auf den Gekreuzigten: „Seht her, das ist 25 der Sieger über Blutrache, Hass und Ahnenkult!"

Segnende Hände sind weit offen, weisen aber auch ab, alles, was von der Liebe dieses Christus trennen will, wirken, als wollten sie Frieden stiften. Der alte Mann ist mit dem Schnitzwerk fertig, wischt die Hände im Gras ab, reibt über die Augen. Erstmals 30 schaut er mich an. „Meine Trauer steckt in diesem Christus. Wir müssen nicht immer töten. Aber mein Sohn, ja, er war ein guter Sohn!"

Gebet aus Papua-Neuguinea
anonym

Herr Gott Vater, als im Himmel und auf
Erden die Verbindung miteinander zu zerreißen drohte, hast du deinen Sohn Jesus um
deiner großen Liebe willen auf diese Erde
5 geschickt. Er hat mit uns Erdenmenschen
wieder eine feste Verbindung und einen
neuen Bund hergestellt. Er hat uns auch den
Weg gezeigt, wie wir Menschen untereinander verbunden sein können. Wir danken dir
10 für unsere Schwesterkirchen in Deutschland,
Amerika und Australien und in anderen
Ländern deiner Welt und bitten dich, dass
unsere Verbindung auch in schweren Zeiten
standhält und wir alle gemeinsam als Schwes-
15 tern und Brüder dir dienen und deine Geschichte erzählen. Herr Gott, Vater, im Namen
deines Sohnes bitten wir: Gib Frieden, lass
uns eins sein. Amen.

Taufbecken aus
Papua-Neuguinea

Indigenisation der Botschaft
von Ernst Lange

Indigenisation bedeutet das Heimischwerden der christlichen
Botschaft in der Erfahrungs- und Vorstellungswelt, … den Denk-
kategorien und Lebensstilen einer Zeit und Kultur … Sie meint
eine Kernverschmelzung mit dem, was die Identität einer Gruppe,
5 einer Kultur zutiefst ausmacht, ihr Denken, ihr Sprechen, ihre
Wahrnehmungsweise, ihr Träumen, ihr Gefühl für Raum und Zeit,
ihr besonderer Lebenszyklus.

Ernst Lange (1927–1974),
deutscher evangelischer
Theologe und Kirchenreformer.

Indigenisation der Botschaft

Schwarze Theologie
von Philip Potter

Die schwarze Theologie versucht, die besondere Erfahrung des Leidens und der Unterdrückung der Schwarzen durch das Überhandnehmen des weißen Rassismus im Licht der göttlichen Offenbarung in dem Menschen Jesus Christus fruchtbar zu machen. Sie ist eine Theologie der Befreiung und als solche eine Theologie der 5 Unterdrückten; sie kann daher allen denen dienen, deren Menschenwürde durch Unterdrückung verletzt wird, gleich welcher Hautfarbe sie sind.

Die schwarze Theologie betont die Personalität der Unterdrückten und versichert sie als Menschen, für die Christus starb, des 10 Heils, das Gott ihnen in Jesus Christus anbietet, so dass sie sich für ihre Existenz nicht zu entschuldigen brauchen. Schwarz oder nicht – sie sind Gottes Kinder. Christus ist ihr Bruder, der ihr ganzes Leben mit ihnen teilt, weil er sich unzweideutig auf die Seite der Unterdrückten und der Machtlosen stellt. 15

Sobald die „Mittler des Heils", sei es auch zweifelnd, auf der Seite des Unterdrückers stehen, wird die christliche Botschaft verzerrt und die christliche Mission gefährdet. Das geschieht immer, wenn die, die offensichtlich eine wirtschaftliche, politische oder geistige Machtstellung innehaben, versuchen, das Evangelium zu predigen. 20

Philip Potter (geb. 1921), ehemaliger Generalsekretär des Ökumenischen Rates

Die Konvertiten werden dann verlockt, eine Religion anzunehmen, die sie nicht nur den höchsten Idealen ihrer Kultur entfremdet, sondern ihnen auch einen Christus schenkt, den sie mit ihren Machthabern identifizieren. Das ist böse.

Reden von Gott in der Welt

Stellungnahme der EKD-Synode 1999

T10

Die Geschichte der Mission war auch eine Geschichte von Schuld und Scheitern, für die Vergebung zu suchen und aus der zu lernen ist. Die pauschale Diskreditierung der Geschichte der christlichen Mission ist aber ungerechtfertigt. Sie wird

5 gerade von den Menschen in den einstigen Missionsgebieten Afrikas oder Asiens selbst zurückgewiesen; sie erzählen uns von segensreichen Auswirkungen der christlichen Mission vergangener Jahrhunderte, die bis heute spür-

10 bar sind. Inzwischen hat sich das Verständnis des missionarischen Auftrags tiefgreifend verändert. Mission behält die Absicht, andere Menschen zu überzeugen, das heißt mitzunehmen auf einen Weg, auf dem die Gewiss-

15 heit des christlichen Glaubens ihre eigene Gewissheit wird. Aber sie tut dies in Demut und Lernbereitschaft.

PRESERVING CULTURE?

Toleranz allein ist zu wenig

T11

In der Studie der evangelischen Kirchen „Religionen, Religiosität und christlicher Glaube" kommt zum Ausdruck, dass das Nebeneinander von Menschen verschiedenen Glaubens aus christlicher Sicht nicht auf eine gleichgültige Toleranz hinauslaufen darf. Aus dem christlichen, trinitarischen Gottesverständnis heraus braucht es stattdessen dreierlei:

Mission, denn der Hl. Geist will, dass die Christen überall ein Zeugnis von ihrem Glauben ablegen

Dialog, denn der Sohn ist das Wort Gottes; es macht das Evangelium bekannt und lädt zum Austausch ein und

Konvivenz, denn alle Menschen sollen als geliebte Geschöpfe des Vaters – sich gegenseitig helfend – miteinander leben.

Keine Mission ohne Dialog und Konvivenz, denn Dialog und Konvivenz sind selbst schon Mission.

Der christliche Glaube und die Religionen

Extra ecclesiam nulla salus

Die christliche Kirche besitzt den Schatz von Wahrheiten, den Gott uns Menschen zu ihrem Heil anvertrauen wollte. Gott selbst hat das so verfügt, dass nur die Menschen, die zum christlichen Glauben kommen, gerettet werden können. Außerhalb der Kirche, in anderen Religionen, gibt es kein Heil und die Menschen gehen in die Irre.

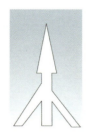

Ich bin der Weg, die Wahrheit und das Leben

An Christus zu glauben, heißt nicht, einen Schatz von wahren Erkenntnissen über die Welt, das Leben und das Jenseits zu besitzen, so wenig wie einen Schatz von guten Werken. An Christus zu glauben heißt, ihm – als Person – das eigene Leben anzuvertrauen, ihn im Leben und im Sterben als Erlöser anzurufen. Das schließt auch ein, von niemand und nichts anderem Heil und Rettung zu erwarten, sondern Christus die Treue zu halten, so wie er sie uns gehalten hat und noch hält.

Gott ist die Liebe

Er will das Heil aller Menschen. Wenn dieses Heil aber nur durch Übernahme des christlichen Glaubens, Taufe und Mitgliedschaft in einer christlichen Kirche zu erreichen wäre, dann sind viele Menschen von vornherein und ohne ihre Schuld von diesem Heil ausgeschlossen.
  Gott ist größer als alle unsere Bilder von ihm. Alle religiösen Vorstellungen erreichen die Wirklichkeit Gottes nicht. Die Bibel kann also nicht behaupten, Gott allein richtig zu verstehen. Gott ist größer.

Anonyme Christen

Die Menschen in anderen Religionen sind nicht schlechter als die Christen. Wo sie denselben moralischen Werten nachgehen und in ihren Göttern dasselbe sehen wie die Christen, nämlich eine gnädige und gerechte Macht, die unser Leben trägt – da sind sie eigentlich Christen, ohne es selbst zu wissen und sie nennen dieselben Dinge nur mit anderen Namen.

Viele Wege zu einem Ziel

„Dalai Lama", S. 172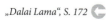

Alle Religionen, ob sie von einem Gott oder mehreren sprechen, sie alle wollen den Menschen besser machen und ihm bei der Suche nach dem Sinn seines Lebens helfen. Jeder Mensch sollte bei der Religion bleiben, die ihm am meisten einleuchtet und die ihm am wirkungsvollsten in seinem Leben hilft.

Toleranz in Konkurrenz?

Auch in früheren Zeiten gab es das – mehr oder weniger – friedliche Nebeneinander verschiedener Religionen. Wo Toleranz herrschte, hatte der Einzelne die Möglichkeit zu wählen. Das bedeutete aber immer, mit dem Glauben auch die Lebensgemeinschaft zu wechseln.
5 Im Extremfall hieß das – wie bei den Pilgrim Fathers – Auswanderung. Die Religionen waren in ihrem Glaubens- und ihrem Mitgliederbestand fest umrissene Größen. Man gehörte dazu oder eben nicht.

Das scheint sich grundlegend geändert zu haben: Heute heißt Toleranz, dass der Einzelne nicht zwischen, sondern innerhalb der re-
10 ligiösen Angebote wählt. Das gilt für die Glaubenslehren ebenso wie für die Religionsgemeinschaften. Beide sind nicht mehr auf lebenslange Bindungen angelegt. Das tolerante Nebeneinander der Religionen ist möglich, weil der freie Markt die Regeln vorgibt. Konkurrenz ist Ansporn, dem Konsumenten besser zu dienen. Kein Kauf verpflich-
15 tet zu einem Abo – gekauft wird, was attraktiv verpackt ist und die versprochenen Wirkungen hat. Wer hilft, hat recht.

T14 „Religion" ist ...

Erscheinungsformen von Religion	Das innere Wesen von Religion	Die äußeren Wirkungen und Funktionen der Religion
... Bibel, Thora, Koran ... Priester, Tempel, Kult ... Kreuz, Davidstern, Halbmond ... Weltreligion, Naturreligionen, Sekten	... „Sinn und Geschmack fürs Unendliche" (F. Schleiermacher) ... „Ergriffensein von dem, was uns unbedingt angeht" (P. Tillich) ... „Suche nach dem absoluten Geheimnis" (K. Rahner)	... alles, was hilft Sinnfragen zu beantworten und Schicksalsschläge zu verkraften ... alles, was dazu beiträgt Ungerechtigkeit zu ertragen und selbstlos Gutes zu tun ... alles, was hilft Krankheiten als Prüfung und den Tod als Übergang anzusehen
Erscheinungsformen von Religion	*Das innere Wesen von Religion*	*Die äußeren Wirkungen und Funktionen der Religion*
Religionswissenschaft Religionsgeschichte	Religionsphilosophie	Religionssoziologie Religionspsychologie

Kann man Anhänger mehrerer Religionen zugleich sein?

 T15

Die Toleranz der Japaner in Glaubensfragen ist sprichwörtlich und kennt schier keine Grenzen: Bei Umfragen geben die meisten Befragten eine Zugehörigkeit zu mehreren Religionen an, sie sind danach Shintoisten, Buddhisten, Christen oder auch Anhänger sogenannter neuer Religionen. Feste Glaubensbindungen sind eher selten. Die Statistiken zeigen auch, dass Japans Jugend an „Göttliches in irgendeiner Form" glaubt und diesen Glauben auch praktiziert. 5

Überall wird in Weiß und am liebsten in einer christlichen Kirche geheiratet, die Babys werden shintoistisch „getauft", Leichen werden nach buddhistischem Ritus bestattet und ein- bis zweimal im Jahr 10 finden Feiern an den Ahnengräbern statt. Die festgefügten Lehrgebäude des Christentums, die eine lebenslange Bindung an einen Glauben und an einen Erlöser verlangen, sind den Japanern eher fremd.

Auch in der westlichen Welt nimmt der Synkretismus, also die Mischung von religiösen Elementen aus verschiedenen Traditionen, zu. 15 Auch wo das Christentum noch die Basis der religiösen Bildung darstellt, werden Elemente aus anderen Traditionen, wie z.B. Yoga und östliche Meditation, gerne aufgenommen und in die eigene Tradition eingebaut. 20

Auf der anderen Seite gibt es aber auch das Phänomen eines welt-
weiten und religionsübergreifenden Fundamentalismus, also einer
Bewegung, die die jeweilige Religion ganz ernst nehmen möchte und
darauf aus ist, sie rein zu erhalten. Jede Vermischung wird abgelehnt,
25 weil nur die strikte Befolgung der religiösen Regeln den Menschen in
einer unübersichtlichen Welt Orientierung und den Halt einer stabilen
Gemeinschaft geben kann.

„Fundamentalismus", S. 57

Religionen im Dialog?

von Wolfgang Huber

Für den christlichen Glauben gründet der Respekt vor den Anhängern eines anderen Glaubens in der Gewissheit, dass jeder Mensch
zum Bild Gottes erschaffen und von Gott – all seinen Verfehlungen
zum Trotz – geliebt ist. Wechselseitiger Respekt gründet dieser
5 christlichen Betrachtungsweise zufolge nicht in religiöser Indiffe-
renz, sondern in der Gewissheit des Glaubens.
   Tolerant kann nur sein, wer in einer eigenen Glaubensgewissheit
beheimatet ist. In einem guten Verständnis schließen sich deshalb
Dialog und Mission nicht aus. Das meint freilich nicht, dass der
10 Dialog der Religionen sich in einer Art von gegenseitigem Bekeh-
rungswettstreit vollzieht. Zwang und Unterwerfung lassen sich
weder mit einem Dialog der Religionen noch mit einem christlichen Verständnis von Mission vereinbaren. Es geht vielmehr um
eine gemeinsame Suche nach der Wahrheit.
15 Deshalb ist die Frage nach Frieden und Toleranz zwischen den
Religionen auch noch nicht mit der Ausrufung eines „Projekts
Weltethos" beantwortet; die Antwort kündigt sich vielmehr erst
dann an, wenn die Religionen ihre Differenzen im Glaubensver-
ständnis in einer Weise austragen können, die den Frieden nicht
20 gefährdet, sondern stärkt.

Wolfgang Huber (geb. 1942),
ehemaliger Vorsitzender
des Rates der Evangelischen
Kirche in Deutschland.

43

Das neue Babylon?

von Dorothee Sölle

T17

Dorothee Sölle (1929–2003), deutsche, evangelische Theologin.

Die Emnid-Umfrage über Gott … ist Anlass genug, die religiöse Lage und die Zukunft des Christentums kritisch zu reflektieren … Die Grundtatsachen sind bekannt … Immer weniger Menschen glauben an die Jungfrauengeburt, die Hölle, die Allmacht Gottes oder die leibliche Auferstehung Jesu. Die Fragen, mit denen das 5 Christsein abgefragt wird, sind ausschließlich Für-wahr-halte-Fragen. Glaubst du dies, glaubst du das. Ob Christus irgendetwas für dein Leben und Verhalten bedeutet, ob seine Botschaft und sein Geist irgendeine Rolle spielen für dein Verhalten zu Asylanten und Arbeitslosen, zu Vorgesetzten und Untergebenen … – es ist 10 ganz unwichtig. Was da abgefragt wird, ist das autoritär verhängte und weltlos begangene Sammelsurium aus dem Extrafach „Religiöses". Das Ergebnis ist, dass diese Religion stirbt. Die Voraussetzung ist nicht genannt, aber … präsent: dass nämlich der fortgeschrittenste Kapitalismus das Schmieröl Religion nicht mehr benötigt, 15 um zu funktionieren.

Und wir? In der christlichen Minderheit … ist das Absterben autoritärer und geistloser (im Sinne von Johannes 16,7) Religion kein besonderes Unglück. (…) Wohl aber stellt das zunehmend heidnische Selbstbewusstsein eine neue Versuchung für die Kirchen dar, in 20 Panik über den Wegfall der Geschäftsgrundlage in die falsche Richtung zu laufen und noch mehr New Age und Individualismus anzubieten, das Evangelium von der Befreiung aller noch eleganter zu verschweigen und sich einzurichten mitten in Babylon.

„Wenn wir ihnen das Evangelium bringen,
werden wir wohl auch einige ihrer kulturellen Eigenheiten zerstören!"

Aufgaben

Abbildungen haben keine eigene Nummerierung; sie werden in die Zusammenhänge der Aufgaben zum Text (T1 …) eingebettet.

T1 – Informieren Sie sich über die Verbreitung des Christentums in der Welt und in Deutschland. Recherchieren Sie, wann das Christentum wo angekommen ist.
 – Bringen Sie den Bibeltext, das Titelbild auf S. 31 und die Karte in einen sinnvollen Zusammenhang.

T2 – Erklären Sie die verschiedenen Missionsmodelle und wägen Sie jeweils Anspruch und Berechtigung gegeneinander ab.

T3 – Charakterisieren Sie die Einschätzungen zur Missionierung. Beziehen Sie dazu auch die Haltung und die Rollenverteilung auf dem Foto mit ein.
 – Entwerfen Sie ein modernes Werbeposter für die Mission. (Anregungen finden Sie auf den Seiten des Missionswerks Ihrer Landeskirche).

T4 – Untersuchen Sie Keyßers Leitfaden daraufhin, welche Erfahrungen in Papua-Neuguinea den Missionar zu diesen Grundsätzen geführt haben können. Vergleichen Sie seine Prinzipien mit den Missionsmodellen (T2) und dem Ziel der Indigenisation (T8).

T5 – Bereiten Sie ein Kurzreferat über die Partnerkirche in Papua-Neuguinea und das 125-jährige Jubiläum vor.

T6 – Beschreiben Sie den inneren Konflikt des Mannes zwischen kulturell bedingten Werten und dem angenommenen christlichen Glauben. Beziehen Sie die Collage auf S. 39 mit ein.
T7
T8 – Vergleichen Sie Kreuz und Taufbecken aus Papua-Neuguinea mit kirchlichen Gegenständen Ihrer Umgebung: Ist so etwas wie „Indigenisation" daran abzulesen?
 – Erörtern Sie, ob es dem gegenseitigen Verständnis der Partnerkirchen dienlich wäre, wenn sie Teile ihrer Kirchenausstattung austauschen würden?

T8 – Beschreiben Sie die Vorstellungswelt, die in den ersten drei Sätzen des Gebets zum Ausdruck kommt und vergleichen Sie sie mit Ihnen vertrauten Bildern des Werks Jesu Christi (**Grundwissen**).

T9 – Philip Potter stellt eine Regel auf, aus der hervorgeht, in welcher Situation Mission „böse" ist. Formulieren Sie diesen Grundsatz mit eigenen Worten und prüfen Sie dann an den Beispielen dieses Kapitels, wo das der Fall sein könnte.

T10 – Skizzieren Sie den Wandel des Verständnisses von Mission und legen Sie dar, gegen
T11 welche missionskritischen Argumente sich die Collage wendet (vgl. auch T6).

T12 – Ordnen Sie die Abschnitte den drei Randsymbolen begründet zu und überlegen Sie, wie man weitere Symbole ergänzen könnte, um alle Positionen zu berücksichtigen.
 – Nehmen Sie (unter Einbeziehung von T9 bis T12) zu der Frage Stellung, unter welchen Voraussetzungen der christliche Missionsauftrag dem modernen Toleranzgedanken entspricht bzw. zuwiderläuft.

T13 – Erörtern Sie, welche positiven und welche negativen Auswirkungen von der modernen Konkurrenzsituation auf die Religionen ausgehen.

T14 – Rufen Sie vor Ihr inneres Auge Dinge und Situationen, die für Sie mit Religion zu tun haben und formulieren Sie dann einen Satz, der so beginnt: „Religion ist für mich wie …".
 – Kommentieren und ergänzen Sie die knappen Eintragungen in der Tabelle und beschreiben Sie, welche Fragestellungen innerhalb der drei Bereiche verwendet werden.
 – Beurteilen Sie: Was kommt Ihrer eigenen Definition am nächsten? Sind alle drei Perspektiven dem Sachverhalt gleich angemessen?
 – Prüfen Sie, welchen Religionsbegriff der Dalai Lama (S. 172) und Paul Zulehner (S. 27) verwenden.

– Angenommen, Sie finden einen Partner fürs Leben, der aus einem völlig anderen Kulturkreis kommt und einer anderen Religion angehört als Sie. Skizzieren Sie Ihre gemeinsame Lebensplanung – auch die Herausforderungen, vor denen Sie stehen, und wie Sie damit umgehen wollen.

– Huber erwähnt das „Projekt Weltethos" des katholischen Theologen Hans Küng. Informieren Sie sich über das Anliegen dieser Bewegung und tragen Sie die wichtigsten Thesen der „Erklärung zum Weltethos" in der Klasse vor.

 – Erläutern Sie: Welche Vorbehalte hat der ehemalige EKD-Vorsitzende Huber angesichts eines naiven „Dialogs der Religionen"? Worauf legt er Wert?

– Untersuchen Sie den Text daraufhin, welche verschiedenen Begriffe von Religion vorkommen.
– Erschließen Sie die Bedeutung der (biblischen) Rede von „Babylon" und stellen Sie einen Vergleich zu der gesellschaftskritischen Aussage der Karikatur an.

Fachbegriffe

Fügen Sie in Ihr Fachbegriffe-Verzeichnis ein:

▶ Mission
▶ Indigenisation
▶ Konvivenz
▶ Synkretismus
▶ Toleranz
▶ Dialog der Religionen

Kompetenzen

Ich kann

■ verschiedene Ansätze christlicher Mission (vom 19. Jahrhundert bis heute) nennen und an Beispielen erläutern

■ Kritikpunkte an der christlichen Missionstätigkeit erläutern und kommentieren

■ das Problem konkurrierender Wahrheitsansprüche der Religionen verdeutlichen und dazu Stellung nehmen

■ zwischen Toleranz und Gleichgültigkeit unterscheiden und ein begründetes Bekenntnis in den Dialog mit anderen einbringen (**Grundwissen**)

46

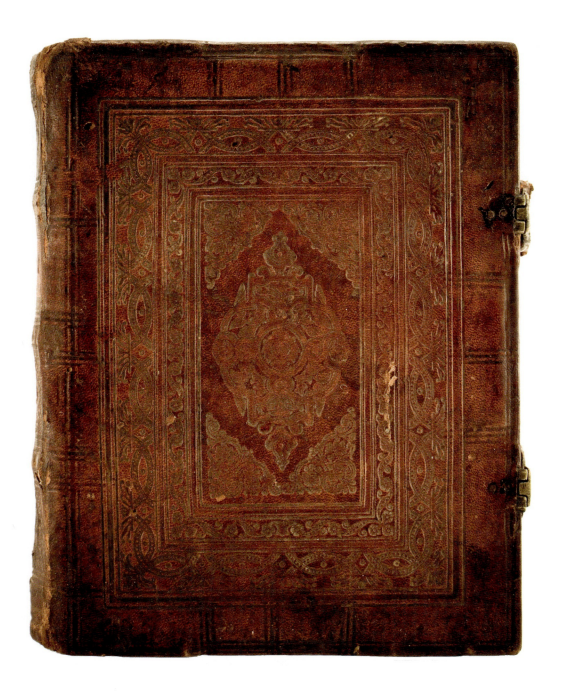

Drei Auffassungen

 T1

Ich komme aus einer „bibeltreuen" Familie, deshalb bin ich es gewohnt, dass oft in der Bibel gelesen wird. Das gehört für mich von Anfang an dazu. Zu Hause habe ich in meinem Zimmer einen Kalender mit den Losungen für dieses Jahr. D. h. für jeden Tag gibt es einen Bibelspruch, der ist durch ein Los für diesen Tag bestimmt worden. Den lese ich am Morgen und der begleitet mich durch den Tag. Das passt natürlich nicht jedes Mal, aber oft bin ich erstaunt, welchen Rat oder Trost der Spruch für diesen Tag gibt. Die Bibel begleitet mich eigentlich immer.

Sonja. S., 16 Jahre

Mir bedeutet die Bibel eigentlich nicht viel. Ich kenne mich auch nicht so damit aus. Im Religionsunterricht bekommen wir manchmal Arbeitsblätter, auf denen Bibeltexte stehen. Die bearbeiten wir dann und diskutieren darüber. Meist sind diese Texte aber nicht besonders interessant. Die Bibel ist ja auch sehr alt. Ich interessiere mich mehr für moderne Sachen. Ich habe auch zu Hause keine Bibel, glaube ich.

Alexander Z., 17 Jahre

Ich kenne einige Bibelgeschichten aus dem Religionsunterricht. Die bekamen wir früher vorgelesen und haben dann Bilder dazu gemalt. Das war sehr schön. Als ich jünger war, habe ich diese Stunden geliebt. Jetzt habe ich mit Texten aus der Bibel nicht mehr so viel zu tun. Im Gottesdienst wird oft etwas aus der Bibel vorgelesen. Aber man versteht meist nicht so genau, worum es geht. Wir haben zu Hause eine große Familienbibel mit einem verzierten Ledereinband. Da steht die Hochzeit von meinen Eltern und meine Taufe drin.

Jennifer F., 16 Jahre

Die Bibel als Bildungsgut?

von Gerd Theißen

Wer jeden Tag wissenschaftlich mit der Bibel umgeht, hat von sich aus wenig Anlass, über die Motivationskraft der Bibel nachzudenken. Denn die Bibel ist sein Lebenselement. In ihr lebt er, atmet er, denkt er. Kann er sich überhaupt vorstellen, dass man nicht moti-
5 viert ist, sich mit ihr zu beschäftigen? Er erforscht ihren Sinn in ihrem historischen Kontext und vertraut darauf, dass er sich auch heute in Motivation zum Leben verwandelt. Aber das ist nicht selbstverständlich.

Zunächst ist zu fragen: Welche Bibel motiviert ihn? Als *Bekennt-*
10 *nisbuch* ist sie ein Buch der Kirche: In jeder Kirche liegt sie auf dem Altar als sichtbares Symbol für das Vertrauen, dass sie eine Chance zur Kontaktaufnahme mit Gott ist. Sie ist Predigttext, legitimiert Entscheidungen, dient als Grundlagenbuch der Theologie.

Kontakt mit Gott verspricht sie auch als *Meditationsbuch* im pri-
15 vaten Leben – dort, wo sie in Losungen und Lesungen präsent ist. Sie führt oft ein verborgenes Leben, wenn biblische Sprache im all-täglichen Bewusstseinsstrom wach wird: „Der Herr ist mein Hirte. Mir wird nichts mangeln …". Oder wenn sich angesichts von Fehl-verhalten die Worte einstellen: „Und vergib uns unsere Schuld, wie
20 auch wir vergeben unsern Schuldigern!"

Schließlich wirkt die Bibel als *Bildungsbuch* in der Gesellschaft: als Gegenstand von Unterricht und Wissenschaft, nicht nur in Theologie und Religionsunterricht, sondern auch in Literatur- und Kunstwissenschaft, Geschichte und Ethik. Jahrhunderte lang hat
25 sie die Kunst inspiriert und inspiriert noch heute große Künstler. Wenn ein wissenschaftlicher Exeget zu ihrem Studium motiviert, so meint er sie als Bildungsbuch.

Aber vielleicht ist noch wichtiger, dass sie in allen Bereichen ein widerspenstiges Buch ist. Viele Gedanken in ihr entziehen sich jeder
30 kirchlichen Verwertung. Wer Erbauliches erwartet, wird oft ent-täuscht. Als Bildungsgut ist sie sperrig.

Gerd Theißen (geb. 1942), evangelischer Theologe mit dem Schwerpunkt Neues Testament.

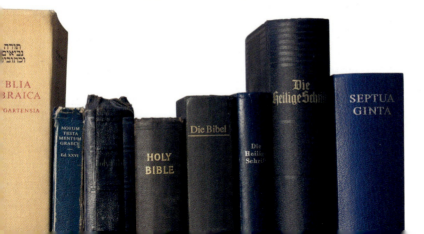

Der Streit um die Wahrheit

Gottes Wort ist wahr
Vorwort der Lutherbibel 1984

T3

Die Bibel will allen Menschen die gute Nachricht von Gottes Barmherzigkeit ausrichten. (…) Die ältesten Zeugnisse des *Alten Testaments* reichen in die Zeit zurück, als Israel aus der Wüste in das verheißene Land zog. Von der Geschichte dieses Volkes wird erzählt, die Botschaft seiner Propheten wird verkündigt, das Gotteslob der 5
Psalmen wird gesungen.

Die Schriften des *Neuen Testaments* sind zum großen Teil in der zweiten Hälfte des ersten Jahrhunderts n. Chr. aufgezeichnet worden, zuerst die Briefe des Apostels Paulus, dann die Berichte von 10
Jesu Wirksamkeit, seinem Leiden, Sterben, Auferstehen; dazu kamen schließlich einige Briefe, die zu Anfang des zweiten Jahrhunderts aufgezeichnet wurden.

Jede biblische Schrift spricht in eine bestimmte geschichtliche Lage 15
hinein. Sie redet Menschen an, die Sorgen und Freuden, Leid und Glück kennen, und sagt ihnen, dass Gottes Wort sie trösten und aufrichten, ihr Leben bestimmen und leiten will. Die biblischen Zeugen 20
geben weiter, was sie erfahren haben: „Gottes Wort ist wahr, darauf kann man sich verlassen. Was gestern galt, gilt auch heute, morgen und allezeit."

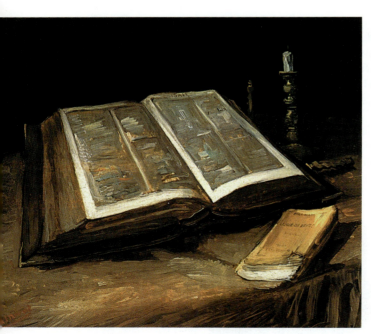

van Gogh, Stilleben mit Bibel, 1885

Menschen haben die Bibel geschrieben
von Gerd Lüdemann

Für die christlichen Kirchen der Gegenwart und Vergangenheit gilt die Bibel als heilige Schrift. Der überwiegende Teil der Christenheit auf Erden – und das sind immerhin zwei Milliarden Menschen – liest die Bibel im wörtlichen Sinne als vom Heiligen Geist eingege-
5 benes Wort Gottes, so wie es bis zur Aufklärung allgemein üblich war. Dies geschieht, obwohl das dabei vorausgesetzte Schriftprinzip überholt und unhaltbar geworden ist. Denn die Bibel wurde nicht vom Heiligen Geist eingegeben. Sie ist Menschenwort.

„Aufklärung", S. 53

Dieses sichere Ergebnis hat bisher wenig gegen alle Spielarten von
10 erbaulicher Lektüre der Bibel auszurichten vermocht. Vielmehr herrscht in der gesamten Christenheit weiterhin fast ungebrochen die Meinung vor: Bei der Lektüre der heiligen Schrift redet mich Gott an. Warum sonst liest der Christ die Bibel? Und warum sonst heißt sie Heilige Schrift? (…) Vielmehr gilt: Wir haben es in der
15 Bibel und in allen heiligen Büchern immer nur mit Gottesbildern von Menschen zu tun, die nicht mit dem Anspruch zu vereinbaren sind, hier und dort habe Gott – wie auch immer – gesprochen. Wer sagt, die Bibel enthalte Gotteswort als Menschenwort, bedient sich daher einer unklaren Ausdrucksweise. Die Wendung „Gotteswort
20 als Menschenwort" suggeriert nämlich eine Entsprechung, die gar nicht besteht. Gemeint ist immer, Menschen haben etwas geschrieben und *geglaubt,* dass es sich um Gottes Botschaft handelt.

Gerd Lüdemann (geb. 1946), ehemaliger evangelischer Theologe, Atheist und Religionswissenschaftler.

„Wort Gottes", S. 55

Die Bibel ist inspiriert
von Eta Linnemann

Wir haben darüber zwei direkte Zeugnisse in der Heiligen Schrift. Das erste finden wir in Tim 3,16f.: „Die gesamte Schrift ist von Gott eingegeben…" (Verbalinspiration). Die biblischen Verfasser wurden nicht zu fehl- und irrtumslosen Menschen, auch nicht für die Zeit
5 der Abfassung ihrer Schriften (…) Gottes Wort selbst bezeugt klar Gottes Heiligen Geist als Urheber der Schrift. Das Zeugnis für die Personalinspiration (…) hat die Weise der Inspiration im Blick: „Von Gott her redeten sie, getrieben durch den Heiligen Geist." (2 Petr 1,21) D.h., es geschah durch die Leitung des Heiligen Geistes von
10 innen, nicht nach mechanischem Diktat. Von der Verbalinspiration ist die Diktattheorie zu unterscheiden. Sie ist ein missglückter menschlicher Versuch, die Verbalinspiration zu erklären.

Eta Linnemann (1926–2009), evangelische Theologin, erst Verfechterin, dann Kritikerin der historisch-kritischen Exegese.

Der Streit um den Weg

Was ist die historisch-kritische Methode?
von Gottfried Adam,
Rainer Lachmann und Christine Reents

 T6

„Methoden wissenschaft-licher Bibelauslegung", S. 68

Die historisch-kritische Methode soll das Instrumentarium zur Bibelauslegung bereitstellen. Sie wird als *historisch* bezeichnet, weil sie Bibeltexte als Dokumente der Geschichte versteht; sie heißt *kritisch,* weil sie die biblischen Texte kritisch untersucht. Sie arbeitet dabei mit den gleichen Methoden, die andere Wissenschaften 5
bei der Untersuchung geschichtlicher Texte auch verwenden. (…)

Die historisch-kritische Bibelwissenschaft entspricht der Rationalität mündigen Denkens. Sie will die Bibel ohne Emotionen, ohne Tabus und dogmatisches Vorverständnis zunächst in ihrem ursprünglichen Sinn und danach in den späteren Stufen ihrer Rezep- 10
tion bis zur Entstehung des Kanons (…) erfassen. Um dieses Ziel zu realisieren, entstand eine Fülle von Hypothesen, die – wie in der Wissenschaft üblich – ständig modifiziert und ersetzt wurden und werden.

Die Bibelwissenschaftler entwickelten in Laufe der letzten 500 Jahre 15
ein System von Arbeitsschritten, bei denen es um Prozesse des Vergleichens, Trennens, Sichtens, Ordnens geht (…); da gibt es die *Textkritik, Literarkritik, Formgeschichte, Überlieferungs-, Traditions- und Religionsgeschichte …*

20

Die Vorzüge der historisch-kritischen Exegese liegen auf der Hand:
- Sie schützt vor subjektiv willkürlicher Auslegung und vor dogmatischer Bevormundung.
- Sie nimmt ernst, dass die Bibel von Menschen in jeweils ihrer Zeit verfasst wurde. 25
- Sie bemüht sich um größtmögliche Allgemeinzugänglichkeit zu den Aussagen der Texte.
- Sie wahrt die Fremdheit vieler biblischer Aussagen.

Christine Reents (geb. 1934),
Professorin für
praktische Theologie.

Gottfried Adam (geb. 1939),
Professor für
Religionspädagogik.

Rainer Lachmann (geb. 1940),
Professor für Religions-
pädagogik und Didaktik.

Wort Gottes oder Religionsmuseum?

von Eta Linnemann

In seiner *Theologie des Neuen Testaments* stellt Werner Georg Kümmel fest, dass sich „in der zweiten Hälfte des 18. Jahrhunderts im Zusammenhang mit der geistigen Bewegung der Aufklärung innerhalb der protestantischen Theologie die Erkenntnis durchzuset
5 zen begann, dass die Bibel ein von Menschen geschriebenes Buch sei, das wie jedes Werk menschlichen Geistes nur aus der Zeit seiner Entstehung und darum nur mit den Methoden der Geschichtswissenschaft sachgemäß verständlich gemacht werden könne." Es ist ungeheuerlich, aber es steht wirklich da: „Die Bibel muss als Werk
10 menschlicher Verfasser (…) erforscht werden, um ihren (…) Sinn zu verstehen." Das wird nicht erst nachgewiesen, sondern von vorneherein vorausgesetzt.

„Die im Neuen Testament gesammelten Schriften sind ihrer geschichtlichen Art nach ja Urkunden antiker Religionsgeschichte, in
15 einer toten Sprache und einer uns nicht mehr ohne Weiteres verständlichen Begrifflichkeit und Vorstellungswelt geschrieben; sie können darum nur auf dem Wege geschichtlicher Forschung zum Reden gebracht und es kann nur auf diesem Weg ein Verstehen des von den Verfassern Gemeinten annähernd erreicht werden." Es ist
20 ungeheuerlich! Das Buch des Neuen Bundes, das von unserer Erlösung handelt – eine Sammlung von Urkunden antiker Religionsgeschichte! „Also hat Gott die Welt geliebt, dass Er Seinen eingeborenen Sohn gab, auf dass alle, die an Ihn glauben, nicht verloren gehen" – ein Satz aus einer Urkunde antiker Religionsgeschichte!
25 „(…) In einer toten Sprache und einer uns nicht mehr ohne Weiteres verständlichen Begrifflichkeit und Vorstellungswelt geschrieben." – Hier wird mit aller Gewalt versucht, Gottes Wort in ein historisches „Damals" abzuschieben, es dem Gebrauch zu entziehen und zu einem Museum zu machen, für das gelegentlich Führungen ange
30 boten werden. Millionen von Gotteskindern erfahren heute täglich das Neue Testament und darüber hinaus die ganze Bibel als Gottes lebendiges Wort, durch das Gott zu ihnen redet. Damit wird der Heilige Geist verleugnet und Jesus widersprochen, der gesagt hat: „Ich preise Dich, Vater, Herr des Himmels und der Erde, der Du
35 dieses vor Weisen und Verständigen verborgen hast und hast es Unmündigen geoffenbart. Ja, Vater, denn so war es wohlgefällig vor Dir" (Mt 11,25 f.).

T7

„Schriftprinzip", S. 51

Die Mitte der Heiligen Schrift
von Martin Luther

Aber der Herr weiset uns damit den rechten Griff, Mose und alle Propheten auszulegen, und gibt zu verstehen, dass Moses mit allen seinen Geschichten und Bildern auf ihn deute, und auf Christum höre, und ihn meine, nämlich, dass Christus sei der Punkt im Zirkel, da der ganze Zirkel ausgezogen ist, und auf ihn sehet, und wer sich 5 nach ihm richtet, gehört auch dazu. Denn er ist das Mittelpünktlein im Zirkel, und alle Historien in der heiligen Schrift, so sie recht angesehen werden, gehen auf Christum.

Und darin stimmen alle rechtschaffenen und heiligen Bücher überein, dass sie allesamt Christum predigen und treiben. Auch ist 10 das der rechte Prüfstein, alle Bücher zu tadeln, wenn man siehet, ob sie Christum treiben, oder nicht, sintemal alle Schrift Christum zeiget (Röm 3,21) und St. Paulus nichts, denn Christus wissen will (1 Kor 2,2). Was Christum nicht lehret, das ist noch nicht apostolisch, wenn es gleich St. Petrus oder St. Paulus lehrte; wiederum, 15 was Christum prediget, das wäre apostolisch, wenn's gleich Judas, Hannas, Pilatus und Herodes tät.

Kanonische Auslegung
von Max W. Richardt

Wenn das Johannesevangelium sagt: „Gott hat seinen Sohn nicht in die Welt gesandt, dass er die Welt richte, sondern um sie zu retten" (nach Joh 3,16), dann ist es Aufgabe der wissenschaftlichen Exegese diesen „Sachverhalt" distanziert und objektiv zu untersuchen. Es handelt sich schließlich um Aussagen, Vorstellungen und Be- 5 griffe, deren Bedeutung sich nur aus der Religionsgeschichte der damaligen Zeit klären lässt. Im Idealfall weiß man am Ende der Prozedur, was der Autor seinen damaligen Lesern sagen wollte.

Die evangelikale Bibelauslegung sieht zuerst, was die Bibel *mir*, dem aktuellen Leser, sagen will: „Gott hat seinen Sohn in die Welt 10 gesandt, um dich zu retten! Sobald du die Bibel aufschlägst, spricht

Gott zu dir!" Damit wird die historische Entstehungssituation der Texte erst einmal als unwichtig ausgeblendet. Der Bibelleser versteht den Text, wie er eben da steht.

15 Bei diesem direkten Zugang kommt es aber vielleicht zu Missverständnissen, weil der heutige Leser nicht mit allen Hintergründen vertraut ist. Er macht sich über das Gesagte seine Gedanken, aber vielleicht ganz andere, als der Verfasser sie seinen Lesern mitteilen wollte.

20 Den Text durch wissenschaftliche Exegese so verstehen, wie er gemeint war, oder Gott durch den Text direkt zu mir sprechen lassen – das scheinen die Alternativen zu sein!

Das Dilemma löst sich für mich auf, wenn ich den biblischen Text
25 nicht als völlig fremdes, 2000 Jahre entferntes Dokument ansehe, sondern davon ausgehe, dass er ja Bestandteil „meiner Bibel" ist, also ein Element meiner Glaubensgeschichte als Christ. Ich muss nicht so tun, als verstünde ich den Text erst nach einer wissenschaftlichen Zerlegung. Ich verstehe, was er mir sagen will, denn es
30 ist ja nicht der erste biblische Text, mit dem ich zu tun habe. Käme ich aus einer völlig anderen Kultur und Glaubenswelt, dann wäre das sicher anders.

Ich bin aber als Christ Teil einer Gemeinschaft, welche die Bibel, ihre Sprache, ihre Begriffe und Geschichten als verbindende Mitte
35 anerkennt: *Deshalb* verstehe ich den Text. Biblische Sätze prägen unseren Glauben: im Gottesdienst, als Tauf- oder Konfirmationsspruch, als Jahreslosung oder Predigttext. Sätze der Bibel begleiten mich durch mein Leben. Ich kenne ihre Bedeutung und höre sie doch immer wieder neu. Sie erschließen sich mir, weil sie sich
40 aufeinander beziehen, sich korrigieren und gegenseitig kommentieren.

Ich lese die Bibel nicht als neutraler Wissenschaftler – ich lese in der Bibel, weil ich von ihr Hilfe erwarte, weil ich glaube.

Das muss nun aber nicht heißen, dass ich über die Geschichte der
45 Texte nichts wissen will. Im Gegenteil, ich möchte keinen Missverständnissen aufsitzen und auch mehr über die einzelnen Verfasser, ihre Zeit und ihre Lebenssituation erfahren. Dazu ist die wissenschaftliche Erforschung der Bibel unabdingbar. Aber: In erster Linie lese ich den Text, weil ich weiß, dass er zum Kanon der biblischen
50 Schriften gehört, also Bestandteil dessen ist, was wir Christen – aus guten Gründen – das „Wort Gottes" nennen.

 *„Menschenwort?", S. 51*

Christus als Wort Gottes

Wort Gottes ist nicht gleich Wort Gottes

Interview mit Thomas Schirrmacher

 T10

Professor Schirrmacher, den Inhalt von Koran und Bibel zu vergleichen, ist sicher interessant, aber sich dabei nur auf ihr Selbstverständnis als Gottes Wort zu beschränken – ist das sinnvoll?

Nun, es hat viel mit der Fundamentalismusdebatte zu tun. Evange- 5
likalen, die die Bibel für zuverlässig halten, wird oft vorgeworfen,
sie hätten dasselbe fundamentalistische Schriftverständnis wie
Muslime. Das ist einfach nicht wahr. Die wissenschaftliche Arbeit
am Bibeltext geht etwa auf die Kirchenväter zurück, wurde von den
Reformatoren zugrunde gelegt und der pietistische Vater Johann
Albrecht Bengel hat eine wichtige textkritische Ausgabe des Neuen 10
Testamentes vorgelegt. Etwas Entsprechendes gibt es bei frommen
Muslimen bis heute nicht, weil der Koran gar nicht als mensch-
licher Text gilt.

Vergleicht man die beiden größten Weltreligionen, in denen ein
einzelnes Buch als Heilige Schrift und Gottes Wort eine zentrale 15
Rolle spielt, zeigt sich, dass das Verständnis ihres jeweiligen Buches
unterschiedlicher kaum sein könnte. *Wort Gottes* ist hier überhaupt nicht gleich *Wort Gottes*. Oder anders gesagt: Der funda-
mentale Unterschied von Christentum und Islam kann allein
schon am jeweils traditionellen Verständnis ihrer heiligen Bücher 20
und an deren Selbstverständnis aufgezeigt werden.

Können Sie ein Beispiel nennen?

Der Koran war aus islamischer Sicht als ewige *Mutterschrift* im

„*Thora*", S. 58 ⟳

Himmel immer schon fertig und wurde nur offenbart. Deswegen 25
ist er allein Gottes Wort und hat keine menschliche und irdische
Entstehungsgeschichte und keinen menschlichen Autor. Die Bibel
dagegen entstand aus christlicher Sicht historisch in Jahrtausenden
und wurde von vielen Menschen geschrieben. Sie ist nicht deswegen
Gottes Wort, weil keine Menschen an ihr beteiligt waren, sondern 30
weil Gottes Geist diese Menschen mit ihren ganz unterschiedlichen
Persönlichkeiten inspiriert hat. (…)

Ist das nicht eine moderne Sicht?

Nein, schon der Kirchenvater Clemens von Alexandrien oder die
35 gesamte frühe Theologie seit Origenes legte größten Wert darauf,
dass der Heilige Geist die Persönlichkeit der Autoren nicht ausge-
schaltet, sondern eingeschaltet habe und wir in der Bibel die typische
Sprache eines Mose, David oder Paulus vor uns haben. Schon lange
vor Mohammed verstanden Christen unter *Wort Gottes* in Bezug
40 auf die Bibel etwas völlig anderes als Muslime, wenn sie den Koran
als Wort Gottes bezeichneten.

Aber ist denn Jesus nicht sowieso wichtiger als die Bibel?

Ja, sicher. Im Mittelpunkt des Islam steht unter Gott der Koran,
45 also ein Buch, weil es aus der Ewigkeit in die Welt gesandt wurde.
Im Mittelpunkt des Christentums steht neben Gott Jesus Christus,
also eine Person, weil sie aus der Ewigkeit in die Welt gesandt
wurde. Im Islam steht der Religionsstifter Mohammed unter der
Heiligen Schrift. Er erhält seine Bedeutung von der Schrift, da er
50 ihr Empfänger und Verkündiger ist. Im Christentum steht der Religionsstifter Jesus über der Heiligen Schrift. Sie erhält ihre Bedeutung von ihm. Jesus ist das eigentliche *Wort Gottes,* die Schrift legt
als *Wort Gottes* von ihm Zeugnis ab. Nur ist das ja nichts Neues,
das haben alle Christen seit 2000 Jahren so gesehen und auch
55 Evangelikale sehen das nicht anders.

Sind Evangelikale Fundamentalisten?

Also zunächst einmal: Fundamentalisten sind immer die anderen!
Mit solch emotionalen Totschlagwörtern ist nur schwer umzuge-
60 hen und seriöse Menschen sollten sie entweder meiden oder vorher klar definieren. Zudem: Man kann mit jeder Weltanschauung
Fundamentalist sein, auch etwa mit einer grünen Ideologie. Also
ist immer erst einmal die Frage, was man darunter versteht. (…)
Versteht man unter Fundamentalismus wie in der Religionswissen-
65 schaft üblich den Wunsch, den ursprünglichen Zustand der eigenen
Religion wiederherzustellen – also etwa die Zeit Mohammeds oder
der Urgemeinde –, so gilt das im christlichen Bereich nur für kleine
Gruppen. (…)

Wir danken Ihnen für das Interview!

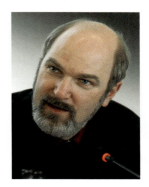

„Mitte der Schrift“, S. 54

„Reaktion auf Synkretismus“, S. 43

Thomas Schirrmacher
(geb. 1960), evangelischer
Theologe und Religions-
soziologe evangelikaler
Ausrichtung.

Tora – geoffenbarte Weisung
von Dieter Krabbe

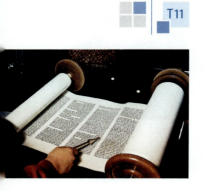

T11

Schon früh hat sich dieser Gedanke im rabbinischen Judentum durchgesetzt und weiterentwickelt: Als Heimat einer fest umrissenen Tora wurde der Himmel angesehen, aus dem Gott den Generationen jeweils neu Torot (hebr. pl. Weisungen) erteilt. Die Tora aus dem Himmel habe Mose von den Engeln erhalten und sie seinem   5
Volk ausgehändigt. (…) Auch wenn die Tora nach biblischer Vorstellung erst Mose am Sinai übergeben wurde, „atmet" sie doch Ewigkeit, wurde sie nach rabbinischer Lehre schon vor der Welt erschaffen. (…) Um die Tora als innersten Kern wuchs Ring auf Ring die Auslegung und Interpretation verschiedener Zeiten und   10
Schulen. Die Mitte blieb, geschützt durch die Ringe. Kein Wunder, dass man bald neben einer „schriftlichen" auch von einer „mündlichen" Tora sprach: „Was immer ein scharfsinniger Schüler einst vor seinem Lehrer vortragen wird, ist schon dem Mose am Sinai gesagt worden."   15

„Koran", S. 56

Aus dem Lehrplan für den Islamischen Unterricht in Bayern

T12

Als wesentliches hermeneutisches Leitprinzip gilt auch für den Islamunterricht, was für die islamische Theologie insgesamt gilt: Aussagen des Korans sollen zuerst in ihrem *historischen* Bezug gesehen werden. Das *wortwörtliche* Schriftverständnis tritt in der heutigen Koranhermeneutik als theologischer Disziplin gegenüber dem Sinn *erschließenden* und dem *an der Situation und dem Werteverständnis* orientierten Schriftverständnis in den Hintergrund.   5

Die historisch-kritische Forschung

Die historisch-kritische Forschung kann der Wahrheit dienen, aber die Wahrheit sagen kann sie nicht. Denn die Wahrheit der Bibel erweist sich in ihrem Gebrauch: im Beten, Singen, im Feiern des Gottesdienstes, in Taufe und Abendmahl, in Anfechtung, Leiden und Liebe, kurz: im Leben der Gemeinde und im Alltag. Dafür ist sie geschrieben.

Evangelischer Erwachsenen Katechismus

Die Glaubensgemeinschaften verwenden die biblischen Texte in unterschiedlichen Zusammenhängen: Für die Christen ist die Rezitation der Evangelientexte in ihren Gottesdiensten von großer Bedeutung; ähnlich auch die Verwendung der Abendmahlsworte Jesu beim Gebet über Brot und Wein. Das Interesse des Exegeten ist demgegenüber hauptsächlich auf die Entstehung und ursprüngliche Verwendung solcher biblischer Worte gerichtet.

Andreas Diße

Da gilt zunächst, dass die historische Methode … eine unverzichtbare Dimension der exegetischen Arbeit ist und bleibt. Denn für den biblischen Glauben ist es wesentlich, dass er sich auf wirklich historisches Geschehen bezieht. Er erzählt nicht Geschichte als Symbole über geschichtliche Wahrheiten, sondern er gründet auf Geschichte, die sich auf dem Boden dieser Erde zugetragen hat. … Wenn wir diese Geschichte wegschieben, wird der christliche Glaube als solcher aufgehoben und in eine andere Religionsform umgeschmolzen. Wenn also Geschichte, Faktizität in diesem Sinn, wesentlich zum christlichen Glauben gehört, dann muss er sich der historischen Methode aussetzen – der Glaube selbst verlangt das.

Joseph Ratzinger, Benedikt XVI.

Die wissenschaftliche Erforschung der biblischen Texte ist für Protestanten deshalb so wichtig und unaufgebbar, weil nur so verhindert werden kann, dass sich die Glaubenslehre verselbständigt oder in fundamentalistischen Buchstabenglauben abdriftet. In jeder Streitfrage gilt: Was steht in der Bibel? Wie ist das ursprünglich gemeint? Bei uns entscheidet kein Papst und kein kirchliches Lehramt sondern das bessere Schrift-Argument. Jedenfalls im Idealfall.

Martin Plessas

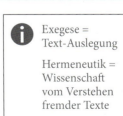

Exegese = Text-Auslegung

Hermeneutik = Wissenschaft vom Verstehen fremder Texte

„Der macht doch so was nicht!"

von Martina Steinkühler

„Wie findet ihr das eigentlich", fragt die Lehrerin (sinngemäß) ihre vierte Klasse, „dass Gott in der Bibel die Sintflut schickt?" Sie bekommt drei Typen von Antworten:

- Der war auch ein wenig beleidigt … 5
- Er ist ein ganz böser Gott!
- Der macht doch so was nicht!

Die Frage ist falsch gestellt. Was Gott richtig oder falsch macht, kann niemand von uns beurteilen. Was wir beurteilen können, ist 10 das Bild von Gott, das in einer Geschichte vermittelt wird. Und wir können fragen: Warum haben die Erzähler wohl so etwas von Gott erzählt?

Abgesehen davon, dass die Frage falsch gestellt ist (…): Die Kinder, die sich gemäß dem ersten Typ äußern, signalisieren Verständnis. 15 Gott habe wohl emotional gehandelt; aus ihrer Erfahrung heraus können sie das nachvollziehen – aber auch gut finden? Ernst nehmen?

In einer bestimmten Entwicklungsstufe sind Kinder bereit, die Welt in die „Lieben" und die „Bösen" zu unterteilen und zu akzeptieren, dass eine höhere Instanz („Gott") die Bösen drakonisch 20 straft. Wenn für religiös sozialisierte Kinder Gott als der „liebe Gott" bekannt ist, haben sie kein Problem damit, dass die Bösen ihre „gerechte Strafe" empfangen. Das gilt so für den ersten Typ der oben zitieren Antworten. – Was aber, wenn sie diese Entwicklungsstufe verlassen? 25

Dieselben Kinder und viele andere, die das Schuld-Strafe-Schema von Anfang an nicht recht überzeugt, beginnen an Gott zu zweifeln, sobald sie stärker differenzieren: Kann es wirklich sein, dass alle Menschen außer Noah „böse" waren? (…) Dann reagieren sie mit Ablehnung – scharf formuliert oben, die zweite Antwort: „Er 30 ist ein ganz böser Gott."

Wie klarsichtig ist hier das dritte Bewertungsmodell der Kinder: „Der macht doch so was nicht." Hier wird sachgemäß differenziert: Gott ist in der Geschichte, aber Gott ist größer als die Geschichte. Wenn nun mein Gottesbild nicht mit der Geschichte überein- 35 stimmt, dann kann es an der Geschichte liegen. Das muss ich prüfen. Vorausgesetzt freilich, dass ich genug Erfahrung mit Gott habe, dem biblischen Gott, um so etwas beurteilen zu können …

Dr. Martina Steinkühler (geb. 1961), ist Theologin und Religionspädagogin. Sie arbeitet als Verlagslektorin und als Dozentin an der Universität.

„Gott und Mensch", S. 69

Aufgaben

Abbildungen haben keine eigene Nummerierung; sie werden in die Zusammenhänge der Aufgaben zum Text (T1 …) eingebettet.

T1 – Schreiben Sie selbst einen kurzen Text zu der Frage: *Was mir die Bibel bedeutet.* Vergleichen Sie die Ergebnisse in der Klasse, indem Sie sie sammeln und anonym verlesen. Ordnen Sie die Ergebnisse zu einem „Klassen-Religions-Monitor".

  ▪ Recherchieren Sie, was man unter „Losungen" versteht und welche Geschichte hinter diesem Gebrauch der Bibel steckt.

T2 – Setzen Sie den Text mit einigen Sätzen fort, in denen Sie zum Ausdruck bringen, welche Wahrnehmung der Bibel Sie zur Lektüre motivieren könnte.

T3 – Aktivieren Sie Ihr **Grundwissen** über die Bibel. Stellen Sie zusammen, welche bib-
T4 lischen Texte Sie schon kennen und was Sie über ihre Entstehung wissen.

T5 – Formulieren Sie für die beiden unterschiedlichen Positionen jeweils eine zugespitzte These.

  – Untersuchen Sie die Thesen auf ihre Stichhaltigkeit und Sachlichkeit.
  – Halten Sie fest, was Ihrer Ansicht nach das entscheidende Kriterium dafür sein muss, um eine Schrift als menschliche Meinung oder als Mitteilung Gottes anzusehen.

T6 – Halten Sie fest, welche methodischen Konsequenzen die Grundentscheidung hat, die Bibel *so wie jeden anderen* Text wissenschaftlich zu untersuchen.
  – Bringen Sie Ihre Kenntnisse über die Epoche der Aufklärung (Fach Deutsch) ein und nennen Sie Gründe, warum in diesem Zeitalter eine neue Form der Textauslegung beginnt.

T5 – Es ist zu spüren, wie leidenschaftlich die De-
T7 batte geführt wird. Suchen Sie nach den Gründen für die hohe Emotionalität in den Stellungnahmen und prüfen Sie die Argumente von Eta Linnemann.

  – Definieren Sie das Verständnis von „Verbalinspiration" der Bibel, wie es in den Texten T5, T 7 und T 10 verwendet wird.
  – Urteilen Sie selbst: Wird die Bibel zum Museum, wenn man sie neutral untersucht?

T8 – Wenn die Bibel von Gott inspiriert wurde, dann ist alles gleich wichtig. Vergleichen Sie die Standpunkte Linnemanns und Luthers zu dieser Problemstellung.
  – Nehmen Sie anstelle Linnemanns zu folgendem Luthersatz Stellung:
    „Was Christum nicht lehret, das ist noch nicht apostolisch, wenn es gleich St. Petrus oder St. Paulus lehrte."
  – Wie kommt dieser Satz wohl bei Muslimen an?

T9 – Arbeiten Sie heraus, welchen neuen Gesichtspunkt der „Kompromissvorschlag" in die Debatte wirft und beurteilen Sie, ob dadurch ein Konsens leichter erreichbar ist.
  – Prüfen Sie an einem Textbeispiel, welchen Unterschied es macht, wenn ein Bibeltext mit „christlichen Augen" gelesen wird.

T10 – Aktivieren Sie Ihr **Grundwissen** über den Koran und die Darstellung Jesu in diesem heiligen Buch der Muslime.
  – Halten Sie in wenigen Thesen fest, welche verschiedenen Gehalte sich für Muslime und Christen unter dem „Wort Gottes" verbergen. Beziehen Sie den Lehrplan zum islamischen Religionsunterricht (T12) mit ein und prüfen Sie, inwieweit diese Grundsätze die islamische Koranauslegung modifizieren.

T11 – Vergleichen Sie den letzten Satz des Textes mit der Theologie des Koran, wie sie in T10 kurz erklärt wird und halten sie Gemeinsamkeiten und Unterschiede (auch zum christlichen Verständnis der Bibel) fest.

T13
T14 – Bilden Sie sich ein Urteil, ob die Verwendung biblischer Texte als Losungen, Wochensprüche und bei Lesungen und Gebeten im Gottesdienst mit der Herangehensweise der historisch-kritischen Methode vereinbar ist.

– Vergleichen Sie die verschiedenen Äußerungen und überprüfen Sie, ob daraus konfessionelle Unterschiede im Schriftverständnis abgeleitet werden können.
– Erklären Sie, warum die Frage der Lehrerin „falsch gestellt" ist.
– Vergleichen Sie das „dritte Bewertungsmodell" mit der Grundthese Luthers (T8, S. 54).

Fachbegriffe

Fügen Sie in Ihr Fachbegriffe-Verzeichnis ein:

▶ Historisch-kritische Methode
▶ Verbalinspiration
▶ Kanon, kanonische Exegese
▶ Fundamentalismus

Kompetenzen

Ich kann

▪ die Argumente nennen und bewerten, die für und gegen die historisch-kritische Methode der Bibelinterpretation vorgebracht werden

▪ erklären, welche Modelle sich hinter dem Begriff „Verbalinspiration" im Christentum und in anderen Religionen verbergen

▪ erläutern, wie sich evangelisches Schriftverständnis in der Formel vom „Gotteswort im Menschenwort" ausspricht (**Grundwissen**)

▪ darlegen, welche Problemstellung Luther dazu veranlasste, von Christus „als Mitte der Schrift" zu reden

Da reute es Gott…

Als aber Jahwe sah, wie groß der Menschen Bosheit auf Erden war, und dass jegliches Gebilde seiner Herzensgedanken nur noch böse war allezeit, da reute es Jahwe, dass er den Menschen auf Erden gemacht hatte und er bekümmerte sich in seinem Herzen. Und Jahwe sprach: Ich will den Menschen, den ich geschaffen habe, vom Erdboden wegtilgen, vom Menschen bis zum Vieh, bis zum Gewürm und bis zu den Vögeln des Himmels, denn es ist mir leid, dass ich sie gemacht habe. Noah aber fand Gnade vor den Augen Jahwes. 5

Da sprach Jahwe zu Noah: Gehe du mit deinem ganzen Hause in die Arche, denn dich habe ich vor mir gerecht befunden in diesem Geschlecht. Von allen reinen Tieren nimm dir je sieben Stück, Männchen und Weibchen; von den unreinen Tieren ein Paar, Männchen und Weibchen. Auch von den Vögeln des Himmels je sieben, Männchen und Weibchen, damit auf der ganzen Erde Nachwuchs am Leben bleibe. Denn noch sieben Tage, dann will ich 10

regnen lassen auf die Erde vierzig Tage und vierzig Nächte und alle Wesen, die ich gemacht habe, vom Erdboden wegtilgen. Da tat Noah ganz, wie ihm Jahwe geboten hatte. 15

Noah ging mit seinen Söhnen, seinem Weib und den Weibern seiner Söhne vor den Wassern der Flut in die Arche, und Jahwe schloss hinter ihm zu. Von dem reinen Vieh und dem Vieh, das nicht rein ist, und von den Vögeln und von allem, was auf der Erde kriecht, gingen je zwei zu Noah in die Arche hinein, ein männliches und ein weibliches Tier, wie Gott dem Noah befohlen hatte. Und nach den sieben Tagen kamen die Wasser der Flut über die Erde. 20

Der Regen aber strömte auf die Erde vierzig Tage und vierzig Nächte, und das Wasser stieg und hob die Arche hoch, so dass sie über der Erde dahin schwamm. Alles, was Lebensodem in seiner Nase hatte und auf dem Trockenen lebt, das starb. So wurden alle Wesen auf dem Erdboden vertilgt; vom Menschen bis zum Vieh, bis zum Gewürm und bis zu den Vögeln des Himmels und sie wurden von der Erde vertilgt. Nur Noah blieb übrig und was bei ihm in der Arche war. 25

Nach vierzig Tagen aber wurde dem Regen vom Himmel her Einhalt getan. Und das Wasser nahm allmählich zurückgehend auf
40 Erden wieder ab. Da öffnete Noah das Fenster der Arche, das er gemacht hatte, und sandte die Taube aus zu sehen, ob das Wasser auf der Erde weniger geworden wäre. Aber die Taube fand keine Stätte für ihren Fuß; so kehrte sie zu ihm in die Arche zurück, denn es war noch Wasser auf der ganzen Erde. Da streckte er seine Hand
45 aus, griff sie und brachte sie zu sich in die Arche herein. Dann wartete er noch einmal sieben Tage und sandte abermals die Taube aus der Arche aus, da kehrte die Taube gegen Abend zu ihm zurück; aber siehe, sie hatte ein frisches Ölblatt in ihrem Schnabel. Da merkte Noah, dass das Wasser weniger auf Erden geworden war.
50 Und er wartete abermals sieben Tage und sandte die Taube aus, da kehrte sie nicht mehr zu ihm zurück.

Nun entfernte Noah das Dach der Arche und hielt Ausschau und siehe, der Erdboden war trocken. Da baute Noah Jahwe einen Altar und nahm von allem reinen Vieh und allen reinen Vögeln und
55 brachte Brandopfer auf dem Altar dar. Als Jahwe aber den Geruch der Beruhigung roch, da sprach er bei sich selbst: Ich will die Erde nicht weiterhin um des Menschen willen als verflucht betrachten, denn das Gebilde des Menschenherzens ist doch böse von Jugend an; so will ich nicht noch einmal alles Lebendige vernichten, wie
60 ich getan habe. Hinfort, solange die Erde steht, soll nicht aufhören Saat und Ernte, Frost und Hitze, Sommer und Winter, Tag und Nacht.

Und Gott sprach: Das ist das Zeichen des Bundes, den ich geschlossen habe zwischen mir und euch und allem lebendigen Getier bei
65 euch auf ewig. Meinen Bogen habe ich in die Wolken gesetzt; der soll das Zeichen sein des Bundes zwischen mir und der Erde. Und wenn es kommt, dass ich Wetterwolken über die Erde führe, so soll man meinen Bogen sehen in den Wolken. Alsdann will ich gedenken an meinen Bund zwischen mir und euch und allem lebendigen
70 Getier unter allem Fleisch, dass hinfort keine Sintflut mehr komme, die alles Fleisch verderbe.

Ein babylonischer Flut-Mythos

nach dem Gilgamesch-Epos

 T2 *Die Götter beschließen eine große Flut zu schicken; der Gott der Weisheit Ea beauftragt rechtzeitig seinen Liebling Utnapischtim ein Schiff zu bauen, um sich in Sicherheit zu bringen ...*

Das Wetter war furchtbar anzusehen –
Da trat ich ins Schiff und schloss das Tor ...
Vor dieser Sintflut erschraken die Götter,
sie entwichen hinauf zum Himmel des Anu –
Die Götter kauern wie Hunde, sie lagern draußen!
Es schreit Ischtar wie eine Gebärende,
es jammert die Herrin der Götter, die schönstimmige:
„Wäre doch jener Tag zu Lehm geworden,
da ich in der Schar der Götter Schlimmes geboten!
Wie konnte in der Schar der Götter ich Schlimmes gebieten,
den Kampf zur Vernichtung meiner Menschen gebieten!
Erst gebäre ich meine lieben Menschen,
dann erfüllen sie wie Fischbrut das Meer!"

Nach sechs Tagen beruhigt sich der Himmel und Utnapischtim öffnet die Luke.

Wie nun der siebente Tag herbeikam,
ließ ich eine Taube hinaus;
Die Taube machte sich fort – und kam wieder:
Kein Ruheplatz fiel ihr ins Auge, da kehrte sie um. –
Eine Schwalbe ließ ich hinaus;
Die Schwalbe machte sich fort – und kam wieder:
Kein Ruheplatz fiel ihr ins Auge, da kehrte sie um. –
Einen Raben ließ ich hinaus;
Auch der Rabe machte sich fort; da sah er,
wie das Wasser sich verlief,
fraß er, flatterte, krächzte – und kehrte nicht um.
Da ließ ich hinausgehen nach den vier Winden;
Ich brachte ein Opfer dar,
ein Schüttopfer spendete ich auf dem Gipfel des Berges.

Der Bibel-Babel-Streit

von Christian Feldmann

Rote und linksliberale Zeitungen schäumten vor Zorn und Schaden-
freude. Ganz Deutschland war in Aufruhr. Was war geschehen?
Eigentlich gar nichts. Ein freundlicher Professor mittleren Alters,
Assyriologe von Beruf, hatte am 13. Januar 1902 in der Berliner
5 Singakademie vor der Deutschen Orient-Gesellschaft einen Licht-
bildervortrag gehalten. Über den berichtete die Presse in gewaltiger
Aufmachung. (…)

Viele Erzählungen der hebräischen Bibel, Schöpfung und Sintflut
und Kindheit des Mose, ja die ganze alttestamentliche Ethik und
10 Weltsicht gingen auf die Kultur Babylons zurück. Schluss mit der
Eigenständigkeit der jüdischen Religion und – wenn man nur
einen kleinen Schritt weiter dachte – auch gleich Schluss mit dem
Auslegungsmonopol, das christliche Theologie und Kirche über
die Bibel beanspruchten. (…)

15 Doch der „Bibel-Babel-Streit", wie man ihn bald nannte, rief auch
die konservativen Elemente auf den Plan. Unmittelbar nach dem
Vortrag drang eine fromme Hofdame der Kaiserin so wütend auf
Professor Delitzsch ein, dass er – so ist überliefert – „bis zur Wand
zurückwich und auf jede Widerrede verzichtete". Sprecher von
20 Kirche und Judentum, auch viele Fachkollegen kritisierten den sogenannten „Panbabylonismus" in Grund und Boden. „Will man
uns denn alles rauben?", schrieb ein Pfarrer im nationalkonservati-
ven „Reichsboten". „Die ganze gewaltige, erschütternde Geschichte
vom Sinai (…) soll in nichts zusammenfallen?"

25 (…) Die Öffentlichkeit nahm begierig Anteil an dem Wissen-
schaftlerstreit. Karikaturisten bildeten Delitzsch und seine Gegner
als mit Tontafeln bewaffnete antike Krieger ab und texteten dazu:
„Und Keilschrift heißt es alldieweilen, weil sie mit ihren Schriften
keilen."

30 Natürlich hatte der Konflikt auch sein Gutes. Die religionsge-
schichtlichen Anfragen an die dem Christentum verpflichteten Bi-
belausleger wurden endlich ernst genommen. (…)

Frranz Delitzsch (1850–1922),
deutscher Assyriologe und
alttestamentlicher Kritiker.

67

Methoden wissenschaftlicher Bibelauslegung

Quellenscheidung, Literarkritik

„Methoden wissenschaftlicher Bibelauslegung", S. 52

Bei kritischer Bibellektüre stößt man immer wieder auf Brüche, Dopplungen, offensichtliche Einfügungen etc. Von diesen Beobachtungen ausgehend versucht die „Literarkritik", ursprüngliche Zusammenhänge wiederherzustellen und eventuell eine ältere Gestalt des Textes zu rekonstruieren. An vielen Stellen des AT kann man erkennen, dass der 5
biblische Text sprachlich nicht einheitlich ist, sodass man von verschiedenen Entstehungszeiten und Autoren ausgehen muss, deren eigene Vorlieben und Interessen noch im Text erkennbar sind. Man hat daher versucht, das Zustandekommen des biblischen Textes durch die Zusammenfügung verschiedener ursprünglich selbstständiger 10
Quellen zu erklären („Quellenscheidung"). Auch die Absichten des Redaktors, der die Endgestalt des Textes hergestellt hat, kann man so untersuchen.

Religionsgeschichte, Motivgeschichte

Der Text der Bibel ist nicht in einem luftleeren Raum entstanden, sondern steht von Anfang an in Beziehung zu anderen Kulturen und Religionen. Je nach ihrer Entstehungszeit sind Einflüsse aus der Religionswelt Ägyptens, aus Babylon oder Persien in den Texten festzustellen. Erzählmotive wie die Erschaffung der Welt durch Götter, die 5   *„Religionsgeschichte", S. 41*
Entstehung der Menschen oder die Sintflut sind in vielen altorientalischen Kulturen bekannt. Das Hauptaugenmerk der wissenschaftlichen Bibelauslegung liegt darauf, die motivgleichen Texte verschiedener Kulturen mit der biblischen Fassung zu vergleichen, um so die spezifische Aussageabsicht der biblischen Autoren herauszuarbeiten. 10

Formkritik

Die Texte der Bibel sind oft literarische Kunstwerke: Gedichte, Romane, Novellen oder Sagen. Exegeten untersuchen die individuelle Formgebung und die Stilmittel dieser Texte. Untersucht man beispielsweise in der Sintflutgeschichte das Detail, wie Noah vom Zurückgehen des Wassers erfährt, stößt man im babylonischen Text und in den beiden 5
biblischen Quellen auf unterschiedliche erzählerische Lösungen. Aus der sprachlich-literarischen Gestaltung eines Textes kann man, ausgehend von der ursprachlichen Version, auch auf die Entstehungszeit und das kulturelle Umfeld schließen.

Ist die Sintflut historisch?

Interview mit Professor Klaus Koch

Herr Professor Koch, steht hinter der biblischen Ge-
schichte von der Sintflut eigentlich ein historisches
Geschehen?
Die Sintflutgeschichte hat ihren Ursprung in meso-
5 potamischen Sintflutmythen, die den gleichen Ablauf wie die im AT überlieferte Sintflutgeschichte
haben. Mesopotamien hat mit seinen beiden großen
Strömen Euphrat und Tigris in frühgeschichtlicher
Zeit Überschwemmungen erlebt, wie Ausgrabungen
10 nachweisen. Diese Überschwemmungen waren
natürlich nur ein regionales Geschehen. Aber die
Bewohner erlebten es wie einen Weltuntergang.

Könnte es sein, dass die Israeliten auf die mesopotamischen Sintflut-
15 *mythen zurückgriffen, nachdem sie ebenfalls eine Flutkatastrophe*
erlebt hatten?
Das halte ich für unwahrscheinlich. Schließlich liegt Jerusalem fast
800 Meter über dem Meeresspiegel. In der biblischen Sintflutgeschichte geht es um Folgendes: Das Meer ist ein Sinnbild für das
20 Chaos, das die Schöpfung bedroht.

Das heißt, den Israeliten ging es nicht darum, mit der Sintflutge-
schichte den Bericht von einem historischen Ereignis zu überliefern.
Die frühen Geschichten stellen in typischen Modellen die Erfah-
25 rungen dar, die Menschen mit Gott gemacht haben, zum Beispiel
Erfahrungen von Gefahr und Rettung. Diese werden nicht abstrakt
theologisch entfaltet, sondern durch eine Sage wie die von der Sintflut veranschaulicht.
   Generell gilt: Der Bibel geht es nie um eine protokollarische Dar-
30 stellung historischer Fakten, sondern immer um die Frage: Was
sagt uns das jeweilige Geschehen über die Beziehung von Gott und
Mensch?

↪ *„Gottesbild", S. 60*

Klaus Koch (geb. 1926),
Professor für Altes Testament
und altorientalische
Religionsgeschichte.

69

Symbol Taube

Menschheitssymbole aus der Bibel
von Heinrich und Margarethe Schmidt

Die Taube als Symbol des heiligen Geistes
Die Geisttaube ist weiß. Weiß ist die Farbe des ungeteilten Lichtes und somit der Gottheit und zugleich Sinnbild der Reinheit. Die Taube hat in der Regel einen Nimbus (Heiligenschein) um ihr Haupt, häufig einen Kreuzesnimbus.

Die Taube als Sinnbild des Friedens – die Friedenstaube
Neben der Taufe Jesu hat noch eine andere biblische Geschichte die Taubensymbolik stark geprägt, die Erzählung von Noah in der Arche am Ende der Sintflut. … Im Gegensatz zum schwarzen Raben, der nicht mehr zurückkehrt, sondern sich am Aas der umgekomme- 5 nen Lebewesen gütlich tut, kehrt die „fromme" Taube, die wie nach einer stillen Übereinkunft weiß dargestellt wird, zu Noah zurück. Sie hat einen Ölzweig im Schnabel, ebenfalls ein Symbol des Friedens.
Noah, meist in einer stilisierten, oft nur angedeuteten Arche stehend, die Hand nach der Taube ausstreckend, gehört zu einem 10 der häufigsten Motive frühchristlicher Grabkunst. Schon für sich allein ist diese Szene ein Bild der Hoffnung und des Friedens in- mitten einer untergehenden Welt. … Die Taube (oft mit Ölzweig im Schnabel) wirkte als selbstständiger Bildtypus weit über die Mauern der Kirche hinaus. Sie wurde als „Friedenstaube" zu einem 15 Menschheitssymbol voll tiefer Sehnsucht.

Symbol Sintflut

Peter Butschkow

„Nicht alle machen Ferien"

Das Buch Daniel

 T7

Die Handlung des biblischen Buches spielt im babylonischen Exil, die Schrift ist aber erst viel später bezeugt; Daniel ist keine historische, sondern eine literarische Gestalt, und das Buch dürfte während der späteren Verfolgungszeit unter dem Seleukidenherrscher Antiochus IV. Epiphanes etwa in den Jahren von 167–164 v. Chr. (Makkabäer-Kriege) entstanden sein. 5

Die griechischen Herrscher versuchten, das jüdische Volk für die hellenistische Kultur und Lebensart zu gewinnen. Die bedrohten Israeliten leisteten dagegen erbitterten Widerstand. In dieser Lage gibt das Buch Daniel den Israeliten ein Beispiel der Standhaftigkeit: 10

Daniel hat damals am Hof Belsazars gegen alle Bedrohung an seinem Glauben festgehalten (man denke nur an die Geschichten vom „Menetekel", Dan 5, und von „ Daniel in der Löwengrube", Dan 6).

Und was die Apokalypse in Daniels Vision betrifft: Das Buch will seine Leser darin bestätigen, dass die Zeit des Leidens bald abgelaufen 15 ist, weil der Tag naht, an dem Gott der Welt ein Ende bereitet und seine ewige Herrschaft antritt. Im Hinblick darauf gilt es, treu zu sein und in Geduld auszuharren.

Der Glaube an Gott setzt den Mächten Grenzen

von Georg Steins

 T8

Georg Steins (geb. 1959), katholischer Theologe.

Apokalyptik stellt die Machtfrage und beantwortet sie klar und eindeutig im Sinne des Monotheismus: Der „Gott im Himmel" hat die Macht, nicht die „Könige dieser Welt". Das ist der harte politische Kern des biblischen Gottesglaubens, ein universales ideologiekritisches Programm. Dieser Glaube ist nicht auch noch so nebenher 5 und in dieser oder jener Konsequenz politisch, sondern von Anfang an und durch und durch.

Im Buch Daniel wird das schon im Einleitungskapitel an einer zunächst etwas harmlos klingenden Episode deutlich: Daniel und seine drei Gefährten weigern sich mit Berufung auf die göttlichen Reinheitsgebote, während ihrer Ausbildung bei Hofe an der königlichen 10 Tafel zu speisen. Ein Politikum, das die Höflinge total verstört. Aber es geht nicht um Vegetarismus oder äußerliche Reinheitsvorstellungen, sondern darum, dass sie sich im Namen ihres Gottes und seiner „Tora" (Weisung) der totalen Verfügung des Großkönigs 15 entziehen. Der Glaube an Gott setzt den Mächten Grenzen.

Belsazar

von Heinrich Heine

Rembrandt, Das Gastmahl des
Belsazar, 1635

Die Mitternacht zog näher schon;
In stummer Ruh' lag Babylon.
Nur oben in des Königs Schloß,
Da flackert's, da lärmt des Königs Troß.
Dort oben in dem Königssaal
Belsazar hielt sein Königsmahl.
Die Knechte saßen in schimmernden Reihn
und leerten die Becher mit funkelndem Wein.
Es klirrten die Becher, es jauchzten die Knecht';
so klang es dem störrigen Könige recht.

Des Königs Wangen leuchten Glut;
im Wein erwuchs ihm kecker Mut.
Und blindlings reißt der Mut ihn fort;
und er lästert die Gottheit mit sündigem Wort.
Und er brüstet sich frech, und lästert wild;
die Knechtenschar ihm Beifall brüllt.

Der König rief mit stolzem Blick;
der Diener eilt und kehrt zurück.
Er trug viel gülden Gerät auf dem Haupt;
das war aus dem Tempel Jehovahs geraubt.
Und der König ergriff mit frevler Hand
einen heiligen Becher, gefüllt bis am Rand.
Und er leert ihn hastig bis auf den Grund,
und rufet laut mit schäumendem Mund:

„Jehovah! dir künd ich auf ewig Hohn –
Ich bin der König von Babylon!"
Doch kaum das grause Wort verklang,
dem König ward's heimlich im Busen bang.
Das gellende Lachen verstummte zumal;
es wurde leichenstill im Saal.
Und sieh! und sieh! an weißer Wand
da kams hervor wie Menschenhand;
und schrieb, und schrieb an weißer Wand
Buchstaben von Feuer, und schrieb und schwand.

Der König stieren Blicks da saß,
mit schlotternden Knien und totenblaß.
Die Knechtenschar saß kalt durchgraut,
und saß gar still, gab keinen Laut.
Die Magier kamen, doch keiner verstand
zu deuten die Flammenschrift an der Wand.
Belsazar ward aber in selbiger Nacht
von seinen Knechten umgebracht.

Heinrich Heine (1797–1856),
deutscher Dichter und
Schriftsteller.

Biblische Geschichten vom Anfang und vom Ende

von Georg Steins

 T10

Es geht den biblischen Anfangstexten nicht um die Mitteilung, wie alles geworden und was am Anfang beobachtbar geschehen ist. Biblische Texte betreiben keine primitive Astrophysik. Ihre Frage lautet: Wie ist Leben möglich, wo doch der Tod überall droht? Welche Ordnungen braucht das Leben? Wer steht dafür ein? Die Mythen 5 des Anfangs reden nicht vom Anfang der Zeit, sondern zeichnen das Bild einer Ur-Zeit, die nicht vor langer, langer Zeit gewesen ist. Ur-Zeit, das heißt: die Grundlage, das Fundament, das bleibend tragende Gerüst von allem, dargelegt in Form einer *narratio*. Solche Texte nennt die Wissenschaft „Mythen". 10

Die apokalyptischen Geschichten vom „Ende der Tage" folgen der gleichen Logik wie die Anfangsgeschichten. (…) Nur vordergründig teilen die biblischen Texte im Reden über das Ende Wissen über die Weltläufe mit. Stattdessen brechen sie mit einigem erzählerischem Aufwand die „normale" Weltsicht auf. Dazu setzen 15 sie gelegentlich fantastisch erscheinende Denk- und Sprachmittel (z. B. Visionen; Himmelsreisen) ein. Bei all diesen geht es um den Ausstieg aus der normalen Sicht der Dinge, um einen Überstieg, eine Rede, die anders auf die Wirklichkeit schaut, als es üblich ist. Die Benutzung mythischer Denk- und Sprachmittel und die starke 20 „Verbildlichung" dürfen nicht als einfältig und überholt eingestuft werden. Poetische Gegen-Welten sind keine Fantastereien, sondern (Über-)Lebensmittel in Situationen der Entfremdung, der Heimatlosigkeit und der Not. (…)

Apokalyptik ist eine Gestalt der Klage, des Ein-Klagens der noch 25 ausstehenden göttlichen Zusagen: „Wo bleibst Du, Gott?" (…) In diesem Sinne ist Apokalyptik der Mutterboden der Theologie: Sie hält an Gott fest – in extremis. Sie flüchtet von Gott – zu Gott, weil da „kein anderer ist in allen Nöten", der eintreten könnte für die Bedrängten. 30

Aufgaben

Abbildungen haben keine eigene Nummerierung; sie werden in die Zusammenhänge der Aufgaben zum Text (T1 …) eingebettet.

 – Erarbeitung in vier Schritten:

1. Erzählen Sie in der Klasse die Geschichte von Noah und der Sintflut aus dem Gedächtnis und halten Sie wichtige Details in Stichworten fest.

2. Vergleichen Sie Ihr Ergebnis mit T1.
3. Vergleichen Sie mit der Vollversion in der Bibel: 1 Mose 6,5–9,17.

4. Formulieren Sie den Befund und formulieren Sie eine Hypothese zur Entstehung/zum Verständnis des biblischen Textes.
– Kopieren Sie aus der Bibel 1 Mose 7,1–24 und markieren Sie mit zwei verschiedenen Farben
   a) die im Buch abgedruckten Verse,
   b) die im Buch nicht abgedruckten Verse.
– Vergleichen Sie die Ausschnitte aus dem Gilgamesch-Epos mit den entsprechenden Stellen im biblischen Text. Arbeiten Sie insbesondere die unterschiedlichen Gottes- bzw. Götterbilder der Erzähler heraus.
– „Der biblische Text ist nicht aus einem Guss, sondern nach und nach zusammengefügt und gewachsen – und er hat Vorbilder!" Erörtern Sie, ob diese Erkenntnis die Bibel „in nichts zusammenfallen lässt".

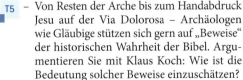

 – Von Resten der Arche bis zum Handabdruck Jesu auf der Via Dolorosa – Archäologen wie Gläubige stützen sich gern auf „Beweise" der historischen Wahrheit der Bibel. Argumentieren Sie mit Klaus Koch: Wie ist die Bedeutung solcher Beweise einzuschätzen?

T6 (S. 70)
– Welchen Symbolwert hat die Taube in der Mosegeschichte und wie knüpft die christliche Tradition daran an?
– Erläutern Sie als theologisch kundiger Fremdenführer in den Katakomben Roms, wie die frühen Christen darauf gekommen sind, Noahs Taube als Grabsymbol zu verwenden.

– Erklären Sie den japanischen Touristen Ihrer Gruppe auch den Zusammenhang bzw. Unterschied zwischen der Taube als Liebes-, Friedens- oder Geistsymbol. Versuchen Sie dabei auch die Verbindung mit der Geschichte Israels und der Person Jesu herzustellen. (S. 71)
– Vergleichen Sie die hier abgebildeten Karikaturen mit dem Einstiegsbild des Kapitels: Welche Aspekte der Sintflutgeschichten werden jeweils „aufgespießt" und mit welcher Aussageabsicht?
– Welche symbolische Bedeutung hat die Arche?

 Lesen Sie das erste Kapitel im Buch Daniel.
Versuchen Sie eine historische Einordnung
 der fiktiven Handlung und der erschlossenen Abfassungszeit in die Geschichte Israels.
Aktivieren Sie Ihr **Grundwissen** über das Judentum: Welche Bedeutung haben dort die Reinheitsgesetze und Speisevorschriften? Stimmen Ihre Informationen mit der Deutung des Kapitels in T8 überein?

T9 – Lesen Sie Dan 5 und vergleichen Sie den Handlungsverlauf mit Heine Ballade und deuten Sie die Verlagerung der Schwerpunkte.
– Lesen Sie Dan 6 und versuchen Sie eine eigene Deutung, indem Sie auch darauf eingehen, wie sich der neue Herrscher Darius von seinen babylonischen Vorgängern unterscheidet.

T10 – Lesen Sie Dan 7! Versuchen Sie die Deutung des Traums (ab Vers 17) auf die historische Situation der Handlung zu beziehen.
Suchen Sie (mithilfe eines Bibelsuchprogramms oder einer Konkordanz) Bibelstellen, in denen vom „Menschensohn" die Rede ist. Beschreiben Sie seine Rolle(n) und Funktion(en).
Recherchieren Sie den Begriff „Apokalypse" und zeigen Sie auf, welche der genannten Merkmale die Daniel-Vision aufweist.

75

▨ Definieren Sie den Begriff „Mythos" mit Hilfe des Textes und anderer Ihnen zugänglicher Informationsquellen.
– Machen Sie an der Sintflutgeschichte und dem Buch Daniel deutlich, welche mythischen Züge die Geschichten tragen und welche Haltungen und Glaubenseinsichten sie „verbildlichen".

▨ Diskutieren Sie an biblischen und modernen Beispielen:
Die apokalyptischen Geschichten vom Ende und dem Gericht sind
– der „Mutterboden der Theologie"
– Ausgeburten der Weltangst
– Rachephantasien der Unterlegenen

Fachbegriffe

Fügen Sie in Ihr Fachbegriffe-Verzeichnis ein:

▶ Apokalypse, apokalyptische Literatur
▶ Formkritik
▶ Literarkritik
▶ Menschensohn
▶ Mythos

Kompetenzen

Ich kann

▨ Arbeitsschritte der historisch-kritischen Methode an Beispielen erklären

▨ die Frage der historischen Wahrheit und literarischen Abhängigkeit biblischer Texte an Beispielen erläutern und begründet Stellung nehmen

▨ an Beispielen zeigen, wie biblische Stoffe und Motive in der Literatur und Gegenwartskultur aufgenommen und weitergeführt werden

▨ erklären, welche Merkmale für apokalyptische Texte der Bibel bestimmend sind und welche Glaubensfragen in ihnen behandelt werden

6 Kommt Gottes Reich?

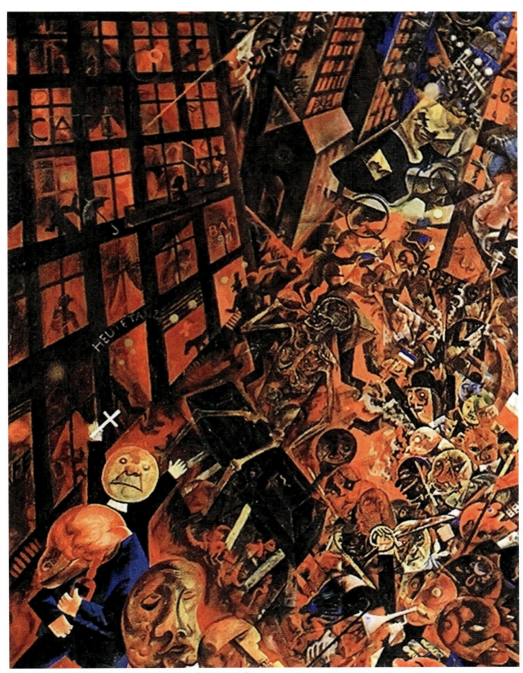

George Grosz, Widmung an Oskar Panizza (1917–1918)

Und die Erde war wüst und leer

von Evelyn Finger

Die Welt nach dem Ende der Welt hat keinen Himmel mehr und das Unkraut, durch das die zwei letzten Menschen waten, zerfällt um sie herum zu Staub. Unter aschgrauen Wolken wandern sie 5 durch eine Ödnis voll toter Bäume und zerborstener Autobrücken. Der Asphalt der Straßen ist eine schwärende Wunde. An Strommasten hängen zerfetzte Kabel. (…) Was ist das Schlimmste am Welt- 10 untergang? Ihn zu überleben? Nein. Ihn nicht allein zu überleben. Denn die Apokalypse, das ist der Mensch *selbst*. So lautet die Botschaft von John Hill-coats Film *The Road – Die Straße,* nach dem gleichnamigen Roman 15 von Cormac McCarthy. (…)

T1

   Hillcoats Endzeitdrama ist nun schon das fünfte innerhalb eines knappen Jahres. So viel Weltuntergang war nie. Früher ließen uns die Kinoregisseure noch Luft holen zwischen *Armageddon* und *The Day After Tomorrow*. Aber jetzt setzen sie uns unter Dauerfeuer: 20 Erst kam die Sintflut *(2012)*, dann der totale Krieg der Welten *(Avatar)*, der Luftangriff der Erzengel *(Legion)*, der blutspritzende Wettlauf um das letzte Exemplar der Bibel *(The Book of Eli)* und schließlich die Reise der lebenden Toten durchs Kannibalenreich.

   Wovor haben wir solche Angst? Langsam wird es Zeit, zu fragen, 25 welchem Lebensgefühl die apokalyptischen Bilder entspringen und auf welche kollektiven Sehnsüchte die wenigen tröstlichen Pointen zielen. Immerhin handelt es sich hier um Offenbarungsfilme für ein Millionenpublikum. Warum sehen wir die Zukunft so schwarz? Glauben wir neuerdings wieder an einen strafenden Gott 30 und sein Jüngstes Gericht?

   An Erlösung glauben wir jedenfalls nicht. Denn im Endzeitkino der Gegenwart gibt es keine Erretteten, nur Verdammte. Und jede Zuflucht erweist sich als Täuschung. (…) Nach dem Jüngsten Ge-richt sollte das Reich Gottes kommen. Fällt aber aus … 35

Nach dem Jüngsten Gericht sollte das Reich Gottes kommen. Fällt aber aus.

Hier ist nicht nur die Hölle, sondern der innerste Kreis der Hoffnungslosigkeit. Die unsichtbare Inschrift am Höllentor lautet (…): „Durch mich geht man hinein zum ewigen Schmerz. (…)"

5 Trotzdem predigt das Endzeitkino die frohe Botschaft: Seid menschlich!

Ganz am Ende aber, wo die Straße aufhört und die
10 Filme fast aus sind, wird die Menschheit immer ein bisschen gerettet. (…) Vater und Sohn sehen das Meer. Das kitschige Happy End ist zugleich auch die Botschaft. *Seid menschlich! Rettet die Welt!* Dahin geht offenbar des Publikums senti-
15 mentale Sehnsucht. Es muss nur bedenken, dass die Welt ein ziemlicher Brocken ist, man rettet sie nicht allein. (…) Man braucht auch Schützenhilfe. Man muss die Schützen prüfen. Mit den Worten des Kindes: Bist du einer von den Guten? Woher
20 weiß ich, dass du einer von den Guten bist?

Evelyn Finger (geb. 1971), Journalistin.

Das Weltgericht

T2

Wenn aber der Menschensohn kommen wird in seiner Herrlichkeit, und alle Engel mit ihm, dann wird er sitzen auf dem Thron seiner Herrlichkeit,

und alle Völker werden vor ihm versammelt werden. Und er wird sie voneinander scheiden, wie ein Hirt die Schafe von den Böcken scheidet,

und wird die Schafe zu seiner Rechten stellen und die Böcke zur Linken.

Matthäus 25, 31-33

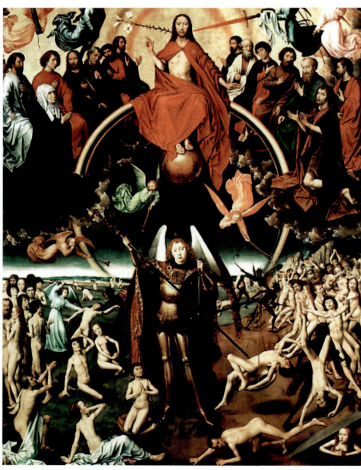

Hans Memling, Triptychon des Weltgerichts (um 1467–1471)

„Cuba libre"

… und eine bittere Antwort

von Dorothee Sölle

„Du, Menschensohn, Weltenrichter, Christus, dich hätten wir
sehen und speisen und tränken können? – Das hätten wir doch
mit Freuden getan!", sagen die durchaus Rechtgläubigen, sich
zur Bibel Haltenden. „Ja, wenn du mit deinem Heiligenschein auf-
5 getaucht wärest, dann sicher. Wenn du Wunder getan hättest, wenn
du deine Macht erwiesen hättest. (…) Aber so? Einfach als Bettle-
rin in der Einkaufsstraße, das sollst du sein, Christus?" (…)
   Woran um Gottes Willen hätten wir dich denn erkennen können?
Wenn wir diesen geringsten Schwestern Jesu helfen wollten, das
10 würde ja an Politik grenzen! Da müssten wir ja im Ernst anfangen,
die segensreiche Weltwirtschaftsordnung, die es verbietet, Christus
zu essen zu geben oder Häuser für Christus zu bauen oder Schulen,
zu ändern.
   Da gerieten ja unsere billigen Preise für Kaffee und Bananen und
15 wichtige Rohstoffe ins Wanken! Da könnten doch nicht die Christen zugleich die Reichen sein, die dafür Sorge tragen, zunächst,
dass wir zwei Drittel der Menschheit systematisch verelenden lassen, und dann, dass niemand von diesen Leuten etwa wagt hierher
zu kommen, wo unser Boot doch schon so voll ist! (…) Da bleiben
20 wir doch lieber in der intelligenten Blindheit und fragen ganz naiv:
„Herr, wann hätten wir dich als Fremden gesehen und dir nicht
geholfen?"

Dorothee Sölle (1929–2003),
deutsche Schriftstellerin und
evangelische Theologin.

81

Die Offenbarung des Johannes

T4

3 Und aus dem Rauch kamen Heuschrecken auf die Erde, und ihnen wurde Macht gegeben, wie die Skorpione auf Erden Macht haben.

4 Und es wurde ihnen gesagt, sie sollten nicht Schaden tun dem Gras auf Erden noch allem Grünen noch irgendeinem Baum, sondern allein den Menschen, die nicht das Siegel Gottes haben an ihren Stirnen.

5 Und ihnen wurde Macht gegeben, nicht dass sie sie töteten, sondern sie quälten fünf Monate lang; und ihre Qual war wie eine Qual von einem Skorpion, wenn er einen Menschen sticht.

6 Und in jenen Tagen werden die Menschen den Tod suchen und nicht finden, sie werden begehren zu sterben, und der Tod wird von ihnen fliehen.

7 Und die Heuschrecken sahen aus wie Rosse, die zum Krieg gerüstet sind, und auf ihren Köpfen war etwas wie goldene Kronen, und ihr Antlitz glich der Menschen Antlitz;

8 und sie hatten Haar wie Frauenhaar und Zähne wie Löwenzähne

9 und hatten Panzer wie eiserne Panzer, und das Rasseln ihrer Flügel war wie das Rasseln der Wagen vieler Rosse, die in den Krieg laufen,

10 und hatten Schwänze wie Skorpione und hatten Stacheln, und in ihren Schwänzen war ihre Kraft, Schaden zu tun den Menschen fünf Monate lang;

Offenbarung 9,3–10

Heuschrecken und Skorpione der Seele

von Eugen Drewermann

Gerade inmitten des verzweifelten Unglücks, der Umdüsterung der Seele in „Rauch" kann das Verlangen nach Leben im Grunde nur umso maßloser und peinigender werden, und als Symbol dafür wird man die riesigen „Heuschrecken" deuten müssen, die beim
5 Klang der fünften Posaune als eine furchtbare Heerschar über die Menschen herfallen.

Die alles verschlingende Fressgier der Heuschrecken, die aus ihnen eine der schlimmsten Landplagen des Orients macht, eignet sich sehr, um das übergroße Verlangen nach Lebensglück zu ver-
10 deutlichen, dem die Menschen unter verfinsterten Gestirnen anheimfallen müssen. Paradoxerweise kann das vitale Verlangen nach Leben gerade mit dem Gefühl geistiger Sinnlosigkeit eher noch zunehmen, und wer keine Welt mehr über sich hat, wird sich nur um so „insektenhafter" in diese irdische Welt verbeißen.

Eugen Drewermann (geb. 1940), ehemaliger katholischer Theologe, Kirchenkritiker, Psychoanalytiker.

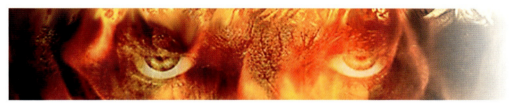

15 Die „orale" Unersättlichkeit, dieses gelebte Heuschreckendasein, verschlingt und verwüstet indessen nicht nur die eigene Umgebung durch Kahlfraß, sie sticht auch buchstäblich ins eigene Fleisch, indem die bittere Aussichtslosigkeit einer solchen Glücksgier aus Verzweiflung eine tödliche Bitterkeit mit sich bringt – besonders
20 die unvermutete Hinterhältigkeit dieses „Eindrucks" lässt sich kaum treffender als in dem Bild eines Skorpionenüberfalls wiedergeben, einer tödlichen Verwundung, die hinterrücks vom Schwanzende des Untiers dem Menschen zugefügt wird. (…)

Das also heißt es, leben zu müssen unter einem Himmel fallender
25 Sterne und umdüsterter Gestirne, auf einer bebenden Erde, deren Quellen sich blutig vergiften und deren Boden unter den Füßen sich auftut wie ein gähnender Abgrund.

Tiefenpsychologische Bibelauslegung

von Eugen Drewermann

T6

„historisch-kritische Methode", S. 52

Während die historisch-kritische Exegese ganz begierig jeden Hinweis aufgreift, um die literarischen und traditionsgeschichtlichen Abhängigkeiten und Zusammenhänge der jeweiligen Bilder zu ermitteln, ist tiefenpsychologisch gerade umgekehrt immer wieder nach den Gefühlsbedeutungen und affektiven Quellen zu fragen, 5 denen die einzelnen apokalyptischen Visionen entstammen. Der esoterisch-verhüllende Charakter der apokalyptischen Literatur – in der historisch-kritischen Exegese zumeist als Tarnung vor dem Zugriff der Mächtigen verstanden – erscheint in tiefenpsychologischer Betrachtung eher als Ausdruck des Bemühens, die eigenen 10 Triebregungen vor der Wahrnehmung des Bewusstseins zu bewahren, und muss entsprechend vorsichtig entschlüsselt werden.

Was also bleibt von der Offenbarung? Historisch-kritisch betrachtet, ist sie ein großartiger Irrtum. Statt bald schon zugrunde zu gehen, ist das römische Reich noch Jahrhunderte lang bestehen 15 geblieben. (…) Aber was historisch als irrig erscheinen muss, kann dennoch menschlich gesehen eine unerschöpfliche Fülle an Einsicht und Wahrheit enthalten, und so gibt es in der ganzen Bibel kein Buch, das mit einem so langen Atem den mühsamen Weg schildert, auf dem ein Mensch aus Angst und Fremdbestimmung 20 zu sich selbst und dem Ursprung seines Daseins zurückfindet. Freilich muss man, um zu dieser Bewertung zu gelangen, der unbewussten Organisation der archetypischen Bilder, in Antwort auf eine äußerste Krise des Glaubens und der Menschlichkeit, den Vorrang geben vor der „bewussten Aussageabsicht", auf welche die 25 historisch-kritische Exegese sich ausschließlich kapriziert hat. (…)

Die wichtigste Erkenntnis, die man methodisch aus der Apokalypse gewinnen kann, besteht daher in der Zuversicht, dass die Visionen des Unbewussten mehr über den Menschen und seine Stellung vor Gott mitzuteilen vermögen als die bewusste Kenntnis- 30 nahme der äußeren Geschichte und ihre noch so kenntnisreiche theologische Deutung.

Im Sinne einer tiefenpsychologischen Interpretation derartiger Visionen kommt es darauf an, all die Momente eschatologischer Hoffnung nach innen zu ziehen und als Bilder eines psychischen 35 Prozesses zu deuten, der phasenweise gegen alle Widerstände insbesondere einer unmenschlichen Vergangenheit die Gestalt einer wahren und eigentlichen Existenz hervorbringt.

Vor allem die Person des kommenden Messias ist als Verkörperung des Selbst zu verstehen, als Inbegriff der Einheit aller psychi- 40 schen Gegensätze zwischen Bewusstsein und Unbewusstem. (…)

Was in den eschatologischen Visionen als Thema der Geschichte und als Hoffnung auf ein Ende der Geschichte gemeint ist, erscheint tiefenpsychologisch mithin als ein Thema der inneren seelischen Entwicklung und als Ausdruck des Verlangens nach der endgülti-
45 gen Gestalt des Selbst.

Die Bilder der Bibel –
nur ein psychotherapeutischer Trick?
von Johannes Lange

Im Neuen Testament werden wir nirgends aufgefordert, uns unseren eigenen Emotionen und Eindrücken hinzugeben oder in uns hin-einzuhorchen … Es erweist sich als verhängnisvoll, wenn die tiefen-psychologische Exegese auch darin der Bibel nicht folgt, dass Satan
5 und die Dämonen personale Realitäten und diese z. B. in Schama-nismus und Magie massiv am Wirken sind.

Johannes Lange (geb. 1958), Missionsleiter.

Alles vergeben und vergessen?

von Ottmar Fuchs

Gerade über den Tod hinaus muss es ein Gericht geben, in dem auch gerichtet und verurteilt wird, das zwischen Tätern und Opfern unterscheidet, in dem keine Ungerechtigkeit der Geschichte unerwähnt bleibt, in dem keine Gewalttätigkeit nicht ihren Täter oder ihre Täterin finden würde. Und viele von uns werden abwechselnd 5 einmal auf der einen, dann auf der anderen Seite stehen, einmal als Opfer, dann wieder als Täter. Das altbekannte Gerichtsbild stimmt also: wo der Richter, Christus, die Guten zunächst von den Bösen trennt.

„Gericht", S. 114f.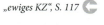

Aber dies ist nur die erste Momentaufnahme des Gerichts. Danach 10 wenden die beiden Gruppen sich nicht voneinander ab, sondern aufeinander zu. Die Täter erkennen sich im Angesicht der Opfer. (…) Und es wird Genugtuung eingefordert werden, Wiedergutmachung, Buße, was auch immer für Wörter uns für einen Vorgang zur Verfügung stehen, wo Tätern aufgeht, was sie getan haben, wo 15 sie abgrundtief der Schmerz darüber ergreift, genauso abgrundtief und in der Intensität unendlich wie das Leiden, das sie zugefügt haben. (…)

„ewiges KZ", S. 117

Es gibt in dieser Form ein „höllisches", das heißt abgrundtiefes, unauslotbares, in diesem Sinn unendliches Feuer, das uns Sündern 20 und Sünderinnen ewig bleibt, aber innerhalb der Rettung. (…) Eine solche Wiedergutmachung ist nur möglich im Lebenszusammenhang mit Gott und den Opfern selbst. (…)

Was uns als unmöglich und unerträglich vorkommt, nämlich dass im Himmel Adolf Eichmann neben Anne Frank sein wird, 25 trauen wir dieser Gerichtsmacht und Versöhnungskraft Gottes zu. Gerade nicht in der Vergleichgültigung zwischen Täter und Opfer, sondern in ihrer ewigen für beide erlösenden Benennung. In einer solchen Begegnung werden die Taten nicht verharmlost, werden die Opfer nicht erniedrigt, sondern von ihnen her ereignet sich in 30 der unendlichen Versöhnungskraft Gottes die Vergebung. Eine Vergebung, die die Täter die ewige Erinnerung kostet. Im Himmel ist also nicht „alles vergeben und vergessen", sondern vielmehr gilt: In dem Maß wird alles vergeben, als nichts vergessen wird.

Ottmar Fuchs (geb. 1945), katholischer Theologe.

Apokalyptik – ein Thema der ganzen Bibel

Das Thema des Gottesgerichtes zum Ende der Welt zieht sich durch viele Texte der Bibel, von der Urgeschichte über die Unheilsprophetie bis zu den apokalyptischen Büchern im Alten und Neuen Testament.

Die biblische Apokalyptik zeichnet aus, dass sie die bevorstehende
5 endzeitliche Katastrophe als kosmisch-universelles Ereignis schildert. Der jetzigen, zum Untergang verurteilten Welt wird eine neue Welt Gottes schroff entgegengesetzt. Dazwischen liegt eine nicht mehr abwendbare, sich in Vorzeichen schon ankündigende Zeit des Chaos und der Zerstörung. Die Apokalyptik ent-
10 hält insofern auch einen Heilsaspekt, als sie voraussieht, wie Gottes Herrschaft sich endgültig durchsetzt und so die Hoffnung auf eine neue Welt entsteht.

Auch Jesus und das Urchristentum sind
15 vom apokalyptischen Bewusstsein erfasst, obwohl in der Verkündigung Jesu vom Reich Gottes das Heil der Menschen im Vordergrund steht. Im Neuen Testament werden die Osterereignisse als der defi-
20 nitive Anbruch von Gottes neuer Welt gesehen, deren Vollendung durch die Wiederkehr Christi noch aussteht. Die apokalyptische Erwartung eines Welt-endes wird in neutestamentlicher Zeit
25 nach und nach ersetzt durch ein Bewusst-sein von der Dauerhaftigkeit christlichen Lebens, das zwar die spürbare Nähe Gottes ersehnt und sich auf die Zukunft Gottes hin ausrichtet, aber nicht durch die dau-
30 ernde Furcht vor Katastrophen erschüttert wird.

Es geht nicht mehr um das Erkennen der Zeichen für das baldige Ende, sondern darum, als Christ so zu leben, dass man
35 jeden Tag für Gott bereit ist.

Albrecht Dürer, Apokalyptischer Reiter, 1498

Ein neuer Himmel, eine neue Erde

Mechtild Denecke, Himmlisches Jerusalem

T10

Und ich sah einen neuen Himmel und eine neue Erde; denn der erste Himmel und die erste Erde sind vergangen, und das Meer ist nicht mehr.

Und ich sah die heilige Stadt, das neue Jerusalem, von Gott aus dem Himmel herabkommen, bereitet wie eine geschmückte Braut 5 für ihren Mann.

Und ich hörte eine große Stimme von dem Thron her, die sprach: Siehe da, die Hütte Gottes bei den Menschen! Und er wird bei ihnen wohnen, und sie werden sein Volk sein, und er selbst, Gott mit ihnen, wird ihr Gott sein; 10

und Gott wird abwischen alle Tränen von ihren Augen, und der Tod wird nicht mehr sein, noch Leid noch Geschrei noch Schmerz wird mehr sein; denn das Erste ist vergangen.

Offenbarung 21,1–4

88

Aufgaben

Abbildungen haben keine eigene Nummerierung; sie werden in die Zusammenhänge der Aufgaben zum Text (T1 …) eingebettet.

Zum Einstiegsbild des Kapitels: Wenn das Bild von George Grosz ein moderner „Höllensturz" ist, wie müsste dann eine „Himmelfahrt" aussehen? Gestalten Sie ein Gegenbild! Vergleichen Sie Ihr Ergebnis mit dem Schlussbild des Kapitels.

T1 – Halten Sie die Thesen des Textes fest und überprüfen Sie sie anhand Ihrer eigenen Erfahrungen aus Filmen oder Romanen.

T2 ▦ Lesen Sie Mt 25,31–46. Die „Rede vom Weltgericht" gilt als typische „apokalyptische Offenbarungsrede". Skizzieren Sie den Aufbau des Texts und vergleichen Sie die Rolle des Menschensohnes hier mit dem Danielbuch.

▦ Aktivieren Sie Ihr **Grundwissen** zur Bedeutung Jesu Christi für den christlichen Glauben und prüfen Sie: Wie verändert sich die Bedeutung des „Menschensohn", wenn dieser Titel auf Jesus angewandt wird?

– Untersuchen Sie die Umsetzung der Gerichtsthematik im Gemälde von Hans Memling. Prüfen Sie, ob der Schwerpunkt der Aussage im Bild mit dem neutestamentlichen Text übereinstimmt.

– Auf Gerichtsbildern mit doppeltem Ausgang (z. B. S. 112 f.) ist die Seite der Erlösten immer die langweiligere. Wie kommt das?

T3 – Formulieren Sie den Gehalt des Textes in Form von Anklagen.

– Jesus – ein Revolutionär? Diskutieren Sie dieses Votum, das die Karikatur nahelegt, anhand selbst gewählter Jesus-Worte aus dem Neuen Testament.

– Wer das Gericht ankündigt, will die Menschen ändern. Stellen Sie nebeneinander, in welche Richtung Mt 25, das Bild Memlings und die Anklage Sölles Veränderungen bewirken möchte.

T4 ▦ Informieren Sie sich über die letzte Schrift der Bibel (Offenbarung des Johannes oder Johannes-Apokalypse), ihre Entstehungszeit und den vermutlichen Verfasser (z. B. auf der ersten Seite in der „Einheitsübersetzung" oder in einem Bibellexikon) und stellen Sie Ihre Ergebnisse vor.

T5 – Beschreiben Sie so genau wie möglich, wie Drewermann mit dem Bibeltext und seinen Bildern umgeht. Diskutieren Sie Chancen und Schwächen dieser Methode.

– „Die Hölle ist kein Ort unter der Erde, sondern in den Seelen der Menschen". Vergleichen Sie die Interpretation der apokalyptischen Texte durch das Gemälde von S. 85 und durch den Ansatz Drewermanns.

T6 – Erarbeiten Sie ein Referat für Ihre Klasse, in dem Sie an Beispielen erklären, was man unter „Tiefenpsychologie" versteht.

T7 – Fassen Sie mit eigenen Worten zusammen, was sich gegen die tiefenpsychologische Exegese einwenden lässt und begründen Sie Ihr eigenes Urteil.

T8 ▦ Recherchieren Sie, was in der katholischen Kirche heute (z. B. in einem Katechismus) unter dem „Fegefeuer" verstanden wird. Beziehen Sie Kapitel 8 T6 ein.

– Gestalten Sie ein Bild von dieser unbeschreiblichen Versöhnung, die Fuchs Gott hier zutraut.

T9 ▦ Recherchieren Sie, in welchen anderen Religionen und Sekten apokalyptische Vorstellungen eine Rolle spielen, und versuchen Sie eine Gegenüberstellung zum hier – in T9 – angedeuteten christlichen Verständnis.

T10 – Stellen Sie Vergleiche zwischen dem hier dargestellten und beschriebenen „himmlischen Jerusalem" und dem Heilsziel der Buddhisten (S. 167) an.

Fachbegriffe

Fügen Sie in Ihr Fachbegriffe-Verzeichnis ein:

- ▶ Tiefenpsychologische Exegese
- ▶ Fegefeuer
- ▶ Weltgericht

Kompetenzen

Ich kann

- zeigen, wie Zukunftsangst und -hoffnung mit gutem oder bösem Verhalten der Menschen zusammengedacht werden

- über apokalyptische Vorstellungen in der Gegenwartskultur (Film, Literatur) berichten und zeigen, welchen Veränderungen die biblischen Motive dabei unterzogen werden

- anhand der Rede vom Weltgericht (Mt 25) deutlich machen, wie eine politische Deutung der Bibel ansetzt

- das Offenbarungsbuch in den zeitgeschichtlichen Hintergrund einordnen und erklären, wie eine tiefenpsychologische Deutung dieses Textes im Unterschied zu einer historischen vorgeht

- erläutern, welche Bedeutung apokalyptische Gerichtsvisionen für den Glauben der Gegenwart haben können

7 Tot!

Rest in Peace

Am 25. Juni 2009 starb im Alter von 50 Jahren in einer Klinik in Los Angeles an Herzversagen Michael Jackson. Der Prominenten-Friedhof „Forest Lawn Memorial Park" in Glendale bei Los Angeles gestattete am 25. Juni 2010 zum ersten Mal Nicht-Angehörigen den Zutritt zur Ruhestätte des „King of Pop", allerdings mit gebührender Distanz. Das prunkvolle Mausoleum, in dem der Popstar am 3. September 2009 bestattet worden war, bleibt weiterhin unter Verschluss. Die Trauer der Fans ebbt auch lange nach seinem Tod noch nicht ab. Hier einige Internet-Einträge:

Ich finde das sehr schade, da ich erst nächstes Jahr in die USA fliegen werde, aber vielleicht habe ich ja dann auch Glück. Vielleicht kann man ja bis dahin auch die Neverland Ranch besuchen. Mich würde das sehr freuen und andere Fans ganz sicher auch! Deine Musik, Deine Taten, Deine Worte – sie alle sind geblieben.

Deine Stimme in unseren Herzen hat der Tod nicht vertrieben.

R.I.P. Michael!

Die Leute, die Michael nicht mochten oder keine Ahnung haben, sollten sich raushalten oder zumindest fair bleiben und ein bisschen mehr Respekt an den Tag legen gegenüber Michael Jackson, denn das hat er wirklich verdient!

Ich habe Michael immer geliebt und werde es auch ewig tun. Am 25. Juni werde ich Michaels so gedenken, als wäre er ein enges Familienmitglied, welches unerwartet und viel zu früh gegangen ist. Ich hoffe nur, dass er dort, wo er jetzt ist, seine wohlverdiente Ruhe findet.

R.I.P. Michael

Deine Fans werden Dich immer lieben und Dich NIE vergessen!

They never come back!

T2

James Dean, Marylin Monroe, Elvis Pres-
ley, Che Guevara, John Lennon, Lady Di
und Michael Jackson haben ihre größte
Popularität erst nach ihrem Tode erreicht.
5 Heute sind sie Legenden, Mythen, Ikonen
der modernen Pop-Kultur. Jugendliche
auf der ganzen Welt sind ihre Fans und
sorgen für ihr Weiterleben auf T-Shirts,
CDs, Clips und unzähligen Erinnerungs-
10 artikeln.

Eine solche Beziehung zu einem Toten
wird intensiv erlebt und der Tote gehört
dem Fan in seiner Phantasiewelt ganz
15 alleine.

 Marylin Monroe (1926–1962), amerikanische Filmikone und
Sängerin, starb an einer Überdosis von Medikamenten.

John Lennon (1940–1980), Sänger und Gitarrist der Beatles,
wurde in New York erschossen.

Che Guevara (1928–1967), zentraler Anführer der kubanischen
Revolution, wurde exekutiert.

Diana Spencer (1961–1997), Prinzessin von Wales, starb
bei einem Autounfall in Paris.

Die schwarze Jugendkultur

von Heiko Kleve

T3

Die Gothics und Gruftis, die Angehörigen der (sich selbst so nennenden) schwarzen Szene konfrontieren uns seit den 1980er Jahren mit den anderen Seiten unserer scheinbar so jugendlichen Spaßgesellschaft, mit den ausgeblendeten Seiten des modernen Jugendwahns, nämlich mit den Themen Tod, Trauer und Melancholie. 5
Die Angehörigen der schwarzen Szene, die sogenannten Schwarzen, die Gothics bzw. Gruftis, werden „zum Schrecken einer Gesellschaft, die Sterben und körperlichen Verfall ghettoisiert, um das Leitbild der ewigen Jugend proklamieren zu können." (…)

Die Provokation der Gothics besteht darin, „den Tod in den Mit- 10 telpunkt ihres Stils und ihres Lebens zu stellen. Dies kann eine Gesellschaft, die sich die Tatsache, „mitten im Leben immer vom Tod umfangen zu sein", nicht bewusst machen will, am wenigsten einer subkulturellen Gruppe von Jugendlichen verzeihen. Mit dem Tod setzt man sich frühestens im Alter auseinander, die Jugend hat 15 frisch und knackig auszusehen und nicht „tot" herumzulaufen. Und wie tot herumzulaufen, sich permanent schwarz zu kleiden, einen bleichen und blassen Teint zu pflegen, den Tod in Ästhetik und Denken präsent zu halten, das kann als Markenzeichen der schwarzen Szene gelten. In all dem kommt zum Ausdruck, dass die 20 schwarze Jugendkultur der Gothics ein besonderes Verhältnis zum Thema Tod hat, ja den Tod aus dem kommunikativen Loch herausholt, in das er heutzutage oft verschwindet.

Hat sich doch die gesamte Gesellschaft inzwischen die Jugend zum Vorbild stilisiert, und zwar eine Jugend, die vor Lebendigkeit 25 strotzt. In der TV- und Kino-Werbung werden uns täglich jugendliche und sonnengebräunte Körper präsentiert, die vor Gesundheit und Lebenskraft nur so sprühen. Jugendlich zu leben und dies nach außen hin durch einen durchtrainierten und gesunden Körper sowie ständiges Fröhlichsein zu kommunizieren – das scheint in- 30 zwischen das Ziel aller zu sein, auch der Alten. Aber verdrängt die Gesellschaft damit nicht das, was sie in unseren Regionen – zumindest demographisch – kennzeichnet: dass aufgrund des Geburtenrückgangs und der höheren Lebenserwartung die Anzahl der älteren Gesellschaftsmitglieder wächst und dass damit die 35 Themen Tod und Verfall des Körpers immer weiter ins gesellschaftliche Zentrum rücken?

Heiko Kleve (geb. 1969), deutscher Sozialwissenschaftler.

Erstens: Die schwarze Szene versucht sich durch Generalisierung der Farbe Schwarz, die in allen Lebenslagen und -bereichen getragen wird, von der bunten und glatten Konsumwelt des modernen Kapitalismus abzugrenzen. Die Suche nach Lebenssinn wird jenseits der Kaufhaus- und Glitzerwelt in der Geschichte, in Mythologien oder eben in einer alternativen Musikkultur gesucht.

Zweitens stellt sich die schwarze Szene als technik- und wissenschaftskritisch dar. Von den wissenschaftlich-technischen Revolutionen werden keine Antworten auf die brennenden Lebensfragen und -probleme erwartet, vielmehr wird der Blick gewendet in Richtung alternativer kultureller, religiöser und weltanschaulicher Angebote. Es ist die Ablehnung der „fertigen Antworten einer bunten Plastikwelt", die die Gothics nach anderen als den vorgegebenen Antworten suchen lässt.

Keine Tränen im Himmel

Tears in Heaven
von Eric Clapton

Would you know my name,
if I saw you in heaven?
Would you be the same,
if I saw you in heaven?
I must be strong / and carry on
'cause I don't belong / here in heaven.

Would you hold my hand,
if I saw you in heaven?
Would you help me stand,
if I saw you in heaven?
I'll find my way / through night and day
'cause I know I just can't stay / here in heaven.

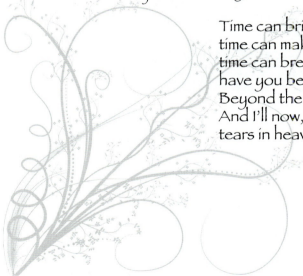

Time can bring you down,
time can make you kneel,
time can break your heart,
have you begging please, begging please
Beyond the door, / there's peace I'm sure
And I'll now, there'll be no more
tears in heaven.

Would you know my name,
if I saw you in heaven?

 Der englische Bluesgitarrist Eric Clapton (geboren 1945)
verlor im Frühjahr 1991 auf tragische Weise seinen fünf Jahre
alten Sohn.

Komm, großer schwarzer Vogel

von Ludwig Hirsch

Komm, großer schwarzer Vogel, komm jetzt!
Schau, das Fenster ist weit offen, schau, ich hab' Dir Zucker
auf's Fensterbrett g'straht.

Komm großer schwarzer Vogel, komm zu mir!
Spann' deine weiten, sanften Flügel aus und leg's auf meine Fieberaugen!
Bitte, hol' mich weg von da!

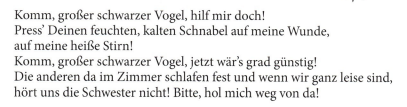

Und dann fliegen wir rauf,
mit in Himmel rein, in a neue Zeit, in a neue Welt,
und ich werd singen, ich werd´ lachen,
ich werd „das gibt's net" schre'in, weil ich werd' auf einmal kapieren,
worum sich alles dreht.

Komm, großer schwarzer Vogel, hilf mir doch!
Press' Deinen feuchten, kalten Schnabel auf meine Wunde,
auf meine heiße Stirn!
Komm, großer schwarzer Vogel, jetzt wär's grad günstig!
Die anderen da im Zimmer schlafen fest und wenn wir ganz leise sind,
hört uns die Schwester nicht! Bitte, hol mich weg von da!

Und dann fliegen mir rauf, mitten in den Himmel rein,
in a neue Zeit, in a neue Welt …

Ja, großer schwarzer Vogel, endlich!
Ich hab' Dich gar nicht reinkommen g'hört, wie lautlos Du fliegst,
mein Gott, wie schön Du bist!
Auf geht's, großer schwarzer Vogel, auf geht's!
Baba, ihr meine Lieben daham! Du, mein Mädel,
und du, Mama, baba! Bitte, vergeßt's mich nicht!

Auf geht's, mitten in den Himmel eine,
nicht traurig sein, na, na, na,
ist kein Grund zum Traurigsein!

Weil ich werd' singen, ich werd' lachen,
ich werd' „das gibt's net" schrei'n.
Ich werd' endlich kapieren, ich werd' glücklich sein!

Ludwig Hirsch (1946–2011),
österreichischer Liedermacher.

Philosophien des Todes

T6

Der Tod ist ein Nichts
Epikur (341–270 v. Chr.)

Solange wir sind, ist der Tod nicht da, und wenn er da ist, sind wir nicht da. Er geht also weder die Lebenden noch die Gestorbenen an; für die einen ist er ja nicht vorhanden, die anderen aber sind für ihn nicht mehr vorhanden.

Der Tod ist die natürlichste Sache der Welt

Das weiß und versteht jedes Kind. Im Märchen wird der Tod einmal auf den Apfelbaum gelockt und kommt nicht mehr herunter. Die Folge ist das blanke Chaos. Unsere Welt und das Leben, so wie wir es kennen, funktionieren nur, wenn der Tod seine Arbeit tut.

Der Tod regiert ein Schattenreich

Er katapultiert sein Opfer in ein kaltes Niemandsland der Beziehungslosigkeit. In der Unterwelt, dem Reich des Todes, sammeln sich die abgestorbenen Seelen, aber sie erkennen sich nicht und haben kein Interesse aneinander. Sie existieren als Schatten ihrer selbst, ohne Liebe, ohne Angst, ohne Hoffnung.

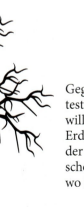

Der Tod ist der letzte Feind
1 Korinther 15,55

Gegen alle, die sich mit dem Tod versöhnen möchten, protestiert die Bibel: Gott hat den Tod nicht gemacht! Gott will den Bestand, nicht die Vernichtung! Der Tod hat auf Erden kein Recht! (Weisheit 1,13f.) Er ist der letzte Feind, der besiegt werden muss und der letztlich durch Christus schon besiegt ist: „Der Tod ist verschlungen vom Sieg. Tod, wo ist dein Sieg? Tod, wo ist dein Stachel?"

Der Tod ist die Tür

Wenn das Leben unerträglich geworden ist, wenn es nach menschlichem Ermessen keinen Ausweg gibt und das Leiden nicht mehr kleiner werden will, so gibt es doch immer noch eine Tür, die uns verspricht, dass dahinter Ruhe und Frieden herrscht.

Der Tod hat einen Sinn

Der Tod macht das Leben sinnlos? – Das Gegenteil ist der Fall! Ohne den Tod gäbe es keinen Sinn mehr im Leben. Keine Motivation, kein Antrieb, keine Kraft. Was heute nicht geschieht, kann morgen oder in tausend Jahren getan werden. Alles wird gleich gültig. Nur der Tod als Bewusstsein eines drohenden Endes gibt unserem Leben eine Statur. Ohne Tod zerfließt die Zeit zu einem formlosen Etwas.

Salvador Dalí, The Persistence of Memory, 1931

Orte des Sterbens

T7

Nach einer Umfrage im Auftrag des „Spiegel" (6, 1995) möchten 90 %
der Deutschen in ihren eigenen vier Wänden und in Anwesenheit ihrer
Familienmitglieder sterben. Aber die Menschen sterben nicht mehr zu
Hause im Kreis der Familie.

Die Menschen sterben heutzutage meist in Krankenhäusern und in   5
eigens dafür geschaffener Institutionen. Für diese „Institutionalisie-
rung des Sterbens" gibt es zwei Gründe: Die Familie hat sich in ihrer
Struktur, Größe und ihrem Zusammenhalt verändert und die Todesur-
sachen haben sich verändert: Immer mehr Menschen sterben erst
nach langer Leidenszeit, wie es etwa bei Krebserkrankungen der Fall   10
ist. In einer neueren Untersuchung deutet sich an, dass in Deutschland etwa 45 % der Menschen in Krankenhäusern sterben, ca. 13 % in
Altersheimen und nur ca. 40 % zu Hause. Andere Todesorte wie bei
Unfällen auf der Straße sind statistisch unerheblich.

Sozialforscher haben davon gesprochen, dass das Sterben aus dem   15
Erfahrungsbereich der Menschen hinaus verlagert worden ist und
vermuten, dass diese Entwicklung mit einer Verdrängung des Todes in
unserer Gesundheits- und Konsum-Kultur zu tun hat.

Diesem Trend zum Unsichtbar-Machen des Todes stehen jedoch
auch andere gesellschaftliche Entwicklungen entgegen, die beispiels-   20
weise in der Hospiz-Bewegung zum Ausdruck kommen. Ziel dieser in
England und den Vereinigten Staaten gewachsenen Bewegung ist es,
den unheilbar Kranken und ihren Familien jede mögliche materielle
und ideelle Unterstützung anzubieten, damit sich ein würdevolles
Sterben zu Hause oder in einem Hospiz vollziehen kann, zu dem die   25
Familie jederzeit Zugang hat.

Das Hospiz –
ein Ort des Ankommens und Abfahrens

von Anita Rüffer

T8

Es ist nasskalt und der Himmel über Freiburg wolkenverhangen. In
den Pfützen sammeln sich die fallenden Blätter: Symbole der Vergänglichkeit. Im November sind die Lebenden ihren Toten und
dem Gedanken an den Tod am nächsten. Stirbt es sich leichter,
wenn der Tag kurz und die Nacht lang wird? „Ich erlebe jede Jahres-   5

zeit", sagt Alfred Debes. Auch bei strahlendem Sonnenschein nehmen die Gäste des von ihm geleiteten Hospizes „Karl Josef" Abschied vom Leben. Wer hier einzieht, weiß, dass das Ende nahe ist.

Im Treppenhaus brennt eine Kerze – zum Zeichen, dass noch
10 eine Verstorbene im Haus ist. Eine von sieben, die innerhalb einer Woche ihren letzten Atemzug taten. Mit einer Blume in den gefalteten Händen liegt der wächserne Körper im Bett.

Nur wenige Tage sind der alleinstehenden Frau im Hospiz verblieben. Jetzt kommen die Leichenbestatter und holen sie ab. Dürers
15 betende Hände in Kupfer, die neben ihr auf dem Nachttisch stehen, werden als vertraute Beigabe mit in den Sarg gelegt, bevor er, vorbei an den anderen Zimmern, über den Flur hinausgerollt wird. „Wir betreiben kein Versteckspiel", erklärt Debes. „Die anderen kriegen es mit, wenn jemand gestorben ist." Die Kerze im Treppen-
20 haus brennt jetzt nicht mehr.

Alltagsgeräusche durchdringen die Stille: In einem Nachbarzimmer läuft laut der Fernseher. Im Wohnzimmer ist der Frühstückstisch gedeckt. Hier wird manchmal ein letzter Geburtstag gefeiert – trotz allem oder vielmehr erst recht. Und am Nikolaustag werden Mitar-
25 beiter und Gäste singen: „Lasst uns froh und munter sein." Es wird ihnen nicht makaber vorkommen, und es wird auch keine bloße Behauptung bleiben. „Wir können nicht nur tröstend durch die Gegend laufen", sagt Debes. Er und seine Mitarbeiterinnen setzen auf die Selbstverständlichkeit alltäglicher Begegnungen. Festgehalten
30 sind sie im liebevoll gestalteten Fotoalbum unter der paradox anmutenden Überschrift „Leben im Hospiz". (…)

„Ein schönes Sterben", wusste der italienische Dichter Petrarca, „ehrt das ganze Leben." Das muss auch die englische Ärztin Cicely Saunders gewusst haben, als sie 1967 in London das erste Hospiz grün-
35 dete. Seit den 1980er-Jahren hat sich die Idee auch in Deutschland ausgebreitet. In Anlehnung an die mittelalterliche Pilgerherberge, die den Reisenden Unterkunft und Stärkung bot, will auch die heutige Hospizbewegung Sterbenden eine Herberge vor der letzten Lebensreise bieten. Voller Symbolik sind für Margot Brückner des-
40 halb die Geräusche vom benachbarten Bahnhof. „Es ist ein Ankommen und Abfahren – wie es eben auf der Welt ist." (…)

Doch für eine aktive Sterbehilfe ist die Hospizbewegung nicht zu haben. Vielmehr soll ihre Arbeit gerade eine Alternative dazu sein. Die sich freiwillig darauf einlassen, fühlen sich reich beschenkt.
45 „Die Intensität der Beziehung zu Sterbenden überträgt sich auf das übrige Leben und macht die Freude daran bewusster."

Sterben

von Alice Bodnár

Sabine Sebayang machte 1987 ihr Examen als Kinderkranken-schwester, heute ist sie Ausbilderin für Pflegeschüler im Palliativein-satz.

Inwiefern unterscheidet sich der Umgang mit dem bevorstehenden   5
Tod zwischen Kindern und Erwachsenen?

Onkologie =
Station des
Krankenhauses
zur Krebs-
behandlung

Im Rahmen meiner Weiterbildung hatte ich Einsätze bei erwachse-nen Krebskranken und dachte mir: „Wo bin ich hier denn? Das halte ich ja selber gar nicht aus!" Die lagen alle mit dem Ausdruck   10
„Ich sterbe, ich habe Krebs" in ihren Betten, um es mal etwas über-trieben auszudrücken. Die waren natürlich auch sehr krank und es war schon klar, dass sie nicht wieder gesund werden würden. Aber da fehlte, was die Kinder so haben: „Mir ist scheißegal, dass ich krank bin, ich fahr jetzt trotzdem mit meinem Dreirad die Rampe   15
runter." Bei den Erwachsenen ist der Kopf viel mehr eingeschaltet und sie fahren nicht die Rampe runter, weil sie doch stürzen

könnten. In der Hinsicht sind Kinder noch leichtlebiger und unbedarfter. Die Kinder in der Onkologie, genau so krank wie die Erwachsenen in der Onkologie, brüllen,   20
beißen und kneifen in dem Moment, wenn sie Schmer-zen haben oder ich ihnen etwas wehtun muss. Wenn es vorbei ist, ist es dann auch wieder gut.

Trotz des Bewusstseins, dass sie schwer krank sind, wollen sie Spaß haben und nicht den ganzen Tag im Bett   25
liegen und denken: „Oh Gott, oh Gott, ich muss sterben!" Wobei ich durchaus Erwachsene erlebt habe, die ihre verbleibende Zeit noch schön nutzen wollten. Trotz-dem ist auch der Kopf bei ihnen mehr eingeschaltet und sie machen sich darüber Gedanken, wie viel Wochen sie   30
noch haben und was sie noch alles erledigen müssen. Das haben die Kinder in der Form nicht, obwohl sie auch einiges zu erledigen haben. Da geht's dann darum, wer welches Auto kriegt usw.

Sie können das jedoch nicht so durchziehen. Ein paar   35
Minuten wird dann philosophiert, was wird sein, wenn, und wovor sie Angst haben, kurz darauf möchten sie aber endlich wieder „Mensch, ärgere dich nicht" spielen.

Trauern

von Alexander und Margarete Mitscherlich

Trauer ist ein seelischer Vorgang, in dem ein Individuum einen Verlust mit Hilfe eines wiederholten schmerzlichen Erinnerungsprozesses langsam zu ertragen und durchzuarbeiten lernt, um danach zu einer Wiederaufnahme lebendiger Beziehungen zu den Menschen und den Dingen fähig zu werden.

Margarete Mitscherlich (geb. 1917), deutsche Psychoanalytikerin und Ärztin.

Alexander Mitscherlich (1908–1982), deutscher Arzt, Psychoanalytiker und Schriftsteller.

Selig die Trauernden

von Max W. Richardt

Die Idee, dass der Trauerprozess ein Weg zur vollständigen Überwindung des Verlusts ist und zurück ins Leben führt, ist nicht immer hilfreich. Hier steht doch sehr im Vordergrund, dass Trauer einen Störfaktor im Leben darstellt, weil der Mensch, den ein Verlust aus der Bahn geworfen hat, in der Gesellschaft nicht mehr voll funktionsfähig ist. Der psychologisch begleitete Trauerprozess soll ihn reparieren und als voll leistungsfähig wieder eingliedern. Nur der physisch und psychisch gesunde Mensch zählt.

Dem christlichen Bild vom Menschen entspricht das nicht. Kein Mensch kann sich selbst von allen Verletzungen seines Lebens befreien. Es gibt Wunden, die nie heilen, aber auch beschädigtes Leben wird von Gott angenommen.

Phasen des Trauerns

nach Elisabeth Kübler-Ross

Die *Phase des Nicht-Wahrhabenwollens:*
Der Verlust, der Tod erscheint unwirklich, als ob er jemand anderes betrifft.

Die *Phase der aufbrechenden Gefühle:*
Die emotionale Aufregung bringt alles durcheinander und verursacht ein seelisches Chaos.

Die *Phase der Aufarbeitung:*
Positive und negative Gefühle werden bewusst und man gewinnt Kraft, sich mit ihnen auseinanderzusetzen.

Die *Phase des erneuerten Selbst- und Weltbezugs:*
Die Trauer ist überwunden und der Mensch kann sich nun seiner neuen Lebenssituation konstruktiv zuwenden.

Tod in der Schule

von Stephanie Witt-Loers

T13

*Wie überbringe ich meiner Klasse die schlimme Nachricht,
dass ein Mitschüler nicht wiederkommt?*

Sie sollten vor allem darauf achten, eine ruhige und Vertrauen er-
weckende Atmosphäre zu schaffen. Es muss spürbar sein, dass 5
jeder den anderen schätzt und seine Gefühle achtet. Hilfreich ist es,
wenn vor dem Gespräch eine *gemeinsame Mitte* gestaltet wird: mit
Kerze, Tuch, Taschentüchern, Gegenständen des Verstorbenen,
Blumen (…) Gespräche können und werden sich u. a. um folgende
Themen und Fragen drehen: 10

– Wir suchen gemeinsam nach Wegen, um den Abschied
  zu gestalten.
– Wir sprechen über Hoffnung und Zukunftsperspektiven.
– Wir suchen Trost und wollen trösten. 15
– Wir benennen das, was geschehen ist, deutlich, aber ohne die
  Würde anderer zu verletzen.
– Wir sprechen darüber, dass der Tod zum Leben gehört wie das
  Geborenwerden, wie Schmerz und Freude, wie Leid und Glück.
– Wir geben der eigenen Trauer Raum. 20
– Wir klären Sachfragen; zum Beispiel den Ablauf der
  Beerdigung. Was geschieht mit dem Toten? Wie fühlt sich ein
  Toter an? Sind Tote giftig? Darf man weinen?
– Wir beschäftigen uns auch mit unseren Fragen nach Schuld
  und sprechen uns zu, dass wir unser Gewissen entlasten dürfen. 25
– Wir akzeptieren, dass nicht alle Fragen, die wir im Zusammen-
  hang mit Leben, Tod und Sterben haben, zu beantworten sind;
  wir sind dennoch gemeinsam auf der Suche nach Antworten.
– Wir sprechen über den / die Tote und teilen unsere Erlebnisse
  und Erinnerungen. 30
– Wir lassen auch Stille und Schweigen zu.
– Wir nehmen uns Zeit, um Gefühle zuzulassen, zu trauern und
  Abschied zu nehmen.

Stephanie Witt-Loers
(geb. 1964) ist Kinder- und
Familientrauerbegleiterin in
eigener Praxis und leitet
Kindertrauergruppen am
Kinder- und Jugendhospiz
Balthasar und anderen
Institutionen.

Abgesehen von solchen Gesprächskreisen ist es wichtig, den ge- 35
wohnten Tageszeitplan einzuhalten, denn Kinder brauchen gerade
in Krisenzeiten äußere Strukturen, die Halt geben und ein Stück
Normalität garantieren.

Aufgaben

Abbildungen haben keine eigene Nummerierung; sie werden in die Zusammenhänge der Aufgaben zum Text (T1 …) eingebettet.

T1 – Sprechen Sie über die Beispiele: Wie „funktioniert" eine solche Star-Fan-Beziehung?

T2 – Was verändert sich durch den Tod des Stars?
  – Welche Rolle spielt der tote Star für seine Verehrer?
  – Klären Sie die Begriffe „Legende", „Mythos", „Ikone". Begründen Sie die Anwendung dieser Begriffe auf tote Stars.
  – Untersuchen Sie an Beispielen, welche Eigenschaften, Charakterzüge oder Lebensumstände einen toten Menschen „unsterblich" machen.

T3 – „Jugendkultur ist immer der Ausdruck dafür, sich von der bestehenden Erwachsenenwelt abzugrenzen und deren Defizite aufzuzeigen." Erörtern Sie diese These von Jugendforschern an Ihnen bekannten Beispielen und an den Gothics.
  – „In unserer Gesellschaft wird der Tod verdrängt." Belegen Sie diese These mit Beispielen oder nennen Sie ggf. Gegenbeispiele.

T4 – Fertigen Sie eine eigene Übersetzung an und tragen Sie den Text vor. Welche Hauptsorge des Vaters hören Sie heraus?

T5 – Auch dieser Text muss gesprochen werden. Welche Sehnsucht spricht aus ihm?

T4 – Hören Sie die beiden Lieder im Original. Diskutieren Sie, ob sie sich zum Anspielen
T5   auf Beerdigungen eignen.

T6 – Setzen Sie die Reihe mit eigenen kurzen Texten fort, die jeweils einen Kernsatz als Überschrift haben.
  – Schreiben Sie diese Kernsätze auf Karten und platzieren Sie jeweils zwei in Opposition zueinander (z. B. an der Tafel). Erklären Sie den Mitschülern Ihre Auswahl und erläutern Sie, worin Sie den Gegensatz der beiden Thesen sehen.

T7 Stellen Sie Kontakt zu einer Einrichtung der Hospizbewegung in Ihrer Umgebung her und
T8 verabreden Sie einen Besuch einer Hospizhelferin / eines Hospizhelfers im Religionsunterricht, der / die bereit ist, über seine / ihre Motivation, seine / ihre Erfahrungen und die Verarbeitung seiner / ihrer Begegnungen mit dem Tod zu sprechen.

T9 Untersuchen Sie Trauerpredigten (z. B. im Internet): Welche Hilfestellung geben sie Trauernden?

T10 – Vergleichen Sie Erscheinungsformen und Motive im jugendlichen Todeskult und bei
T11 Trauernden.

T12 Besorgen Sie sich den sogenannten „Notfallordner", der an jeder Schule mehrfach vor-
T13 handen ist. Dort finden Sie konkrete Vorschläge, wie man seiner Trauer Ausdruck verleihen kann und wie man mit Trauernden umgehen soll. Aus einem solchen Ordner stammt der Text.
  – Informieren Sie sich über die Aufgaben der „Notfallseelsorge" und „Telefonseelsorge" (siehe auch Kapitel 2, T3) und berichten Sie über diese Angebote in der Klasse. Eventuell ergibt sich die Möglichkeit, einen Notfallseelsorger in den Unterricht einzuladen.
  Lesen Sie das Kapitel „Sterben, Tod und Bestattung" in Ihrem Gesangbuch (EG Nr. 831–840) und suchen Sie im vorderen Teil nach Texten, Gedichten und Zitaten, die Sie persönlich im Umgang mit dem Thema Tod für tröstlich und hilfreich halten.

Fachbegriffe

Fügen Sie in Ihr Fachbegriffe-Verzeichnis ein:

- ▶ Hospiz
- ▶ Trauer

Kompetenzen

Ich kann

▦ beschreiben, wie tote Stars zu Legenden werden und welche Bedeutung sie für ihre Fans bekommen können

▦ Fragen nennen, die Trauernde im Zusammenhang mit dem Tod bewegen

▦ Vorstellungen über den Tod nennen und vergleichen

▦ unterschiedlichen Umgang der Gesellschaft mit dem Tod wahrnehmen und problematisieren

▦ die Philosophie der Hospizbewegung erläutern

▦ Phasen der Trauer nennen und beschreiben

▦ mich selbst auf die Suche begeben nach Worten, Zeichen und Ritualen, die den Umgang mit Tod und Trauer hilfreich begleiten und gestalten

Grabmal für Maria Magdalena Langhans

 T1 Der Steinmetz, der diese Skulptur aus einem einzigen Stein gehauen hat, Johann August Nahl d. Ä., wohnte 1751 für einige Zeit bei dem Pfarrer Georg Langhans und dessen Ehefrau Maria Magdalena, geb. Wäber.

In der Karwoche 1751 musste er miterleben, wie die Pfarrersfrau im 5
Alter von nur 28 Jahren bei der Geburt ihres ersten Kindes starb. Der neugeborene Knabe überlebte seine Mutter nur wenige Tage.

Nahl war durch dieses Ereignis so erschüttert, dass er seine Pläne änderte und sofort die Arbeit an einem Grabmal für Maria Magdalena Langhans und ihren Sohn begann. Die dabei entstandene Grabplatte 10
wurde später von so berühmten Persönlichkeiten wie Goethe und Schopenhauer besucht und oft kopiert.

Auf dem geborstenen Deckel der Gruft sind Todessymbole und das Wappen der Familie Langhans zu sehen; außerdem finden sich darauf verschiedene Inschriften. Die zentral angebrachte stammt von dem 15
Dichter Albrecht von Haller und lautet:

„Horch! Die Trompete ruft, sie schallt durch das Grab
Wach auf, mein Schmerzenskind, leg deine Hülle ab
Eil deinem Heiland zu, vor ihm flieht Tod und Zeit
Und in ein ewig Heil verschwindet alles Leid." 20

Ferner ist auf dem Grabdeckel zu lesen:
„Herr, hier bin ich und das Kind, so du mir gegeben hast!"

Giovanni di Paolo:
Selige im Paradies,
Ausschnitt aus
„Das jüngste Gericht",
um 1465, akg-images/
Rabatti – Dominigie

Ich glaube ...
an die Auferstehung der Toten

Wünsche

– Ich möchte „auferstehen" und noch mal ganz anders leben,
alles besser machen und nachholen, was ich versäumt habe.

– Ich möchte wichtige Menschen aus meinem Leben wiedersehen
und mich nie mehr von ihnen trennen müssen.

Fragen

– Bedeutet „ewiges Leben" so viel wie „unendliches Leben"?

– Kann es sein, dass man einen neuen Körper bekommt
und noch einmal lebt?

– Werde ich noch „ich" sein?

Ängste

– Was ist, wenn es nach dem Tod „nichts" gibt? Ist man dort, wohin
man nach dem Tode gelangt, ganz allein?

– Wird man alles vergessen, was man einmal war und
was man geliebt hat?

– Ist es im Himmel, wo alle nur gut sind, nicht schrecklich langweilig?

Zwei Mönche verabredeten, dass, wer von ihnen
zuerst stürbe, dem anderen im Traum erscheinen
solle und ihm sagen, wie das Leben nach dem
Tod so sei: „Taliter" – also: genauso, wie es die Kirche lehrte –
oder „aliter" – also: anders. Es geschah wie verabredet und der
Verstorbene erschien dem Zurückgebliebenen im Traum. Alles,
was er sagte, war: „Totaliter aliter!"

Ganz anders!

von Klaus Berger

Es geschah, dass in einem Schoß Zwillingsbrüder empfangen wurden. Die Wochen vergingen, und die Knaben wuchsen heran. In dem Maß, in dem ihr Bewusstsein wuchs, stieg die Freude: „Sag, ist es nicht großartig, dass wir empfangen wurden? Ist es nicht wunderbar, dass wir leben?!"

Die Zwillinge begannen, ihre Welt zu entdecken. Als sie aber die Schnur fanden, die sie mit ihrer Mutter verband und die ihnen die Nahrung gab, da sangen sie vor Freude: „Wie groß ist die Liebe unserer Mutter, dass sie ihr eigenes Leben mit uns teilt!"

Als aber die Wochen vergingen und schließlich zu Monaten wurden, merkten sie plötzlich, wie sehr sie sich verändert hatten. „Was soll das heißen?", fragte der eine. „Das heißt", antwortete der andere, „dass unser Aufenthalt in dieser Welt bald seinem Ende zugeht." – „Aber ich will gar nicht gehen", erwiderte der eine, „ich möchte für immer hier bleiben."

„Wir haben keine andere Wahl", entgegnete der andere, „aber vielleicht gibt es ein Leben nach der Geburt!" – „Wie könnte dies sein?", fragte zweifelnd der erste. „Wir werden unsere Lebensschnur verlieren, und wie sollten wir ohne sie leben können? Und außerdem haben andere vor uns diesen Schoß hier verlassen, und niemand von ihnen ist zurückgekommen und hat uns gesagt, dass es ein Leben nach der Geburt gibt. Nein, die Geburt ist das Ende!"

So fiel der eine von ihnen in tiefen Kummer und sagte: „Wenn die Empfängnis mit der Geburt endet, welchen Sinn hat dann das Leben im Schoß? Es ist sinnlos. Womöglich gibt es gar keine Mutter hinter allem." – „Aber sie muss doch existieren", protestierte der andere. „Wie sollten wir sonst hierher gekommen sein? Und wie könnten wir am Leben bleiben?" – „Hast du je unsere Mutter gesehen?", fragte der eine. „Womöglich lebt sie nur in unserer Vorstellung. Wir haben sie uns erdacht, weil wir dadurch unser Leben besser verstehen können." Und so waren die letzten Tage im Schoß der Mutter gefüllt mit vielen Fragen und großer Angst.

Schließlich kam der Moment der Geburt. Als die Zwillinge ihre Welt verlassen hatten, öffneten sie ihre Augen. Sie schrieen. Was sie sahen, übertraf ihre kühnsten Träume …

5

10

15

20

25

30

35

Klaus Berger (geb. 1940), war Professor für neutestamentliche Theologie an der evangelisch-theologischen Fakultät der Universität Heidelberg.

Die Hoffnung ist groß

von Andreas Roth

Immerhin fast jeder dritte evangelische Christ in Deutschland glaubt nicht an die Auferstehung von den Toten, fand die Bertelsmann-Stiftung in einer großen Umfrage heraus. … Gleichzeitig zeigte die Untersuchung, dass immerhin zwei Drittel der Deutschen
5 ein Leben nach dem Tod für möglich halten.

Doch worauf hoffen sie genau? Nur 29 Prozent der Bundesbürger vertrauen nach einer Studie des Instituts für Demoskopie Allensbach auf die Auferstehung der Toten im christlichen Sinne, jeder sechste Deutsche teilt die fernöstlich inspirierten Vorstellungen
10 einer Wiedergeburt. Die meisten Christen indes glauben an die Unsterblichkeit der Seele, fand der Theologe und Soziologe Klaus-Peter Jörns in einer Umfrage heraus. „Für sehr viele evangelische Dogmatiker ist das eher ein Ärgernis als Grund zur Freude, weil sie betonen, dass Auferstehung totale Neuschöpfung sei", schreibt Jörns.
15 Ist der Abschied von den Lehrgebäuden zu bedauern? Er ist es, wenn man auf Jesus sieht: Mit Leib und Seele ist er gestorben – und auferstanden. Als Zeichen dafür, dass Gott ernst macht mit seinem Versprechen an die Menschen, sie zu befreien von Sünde und Tod. Nicht zu bedauern ist der Abschied von dogmatischen Formeln
20 aber, wenn er ein Weg ist hinaus zur erfahrenen Liebe Gottes.

„Bei älteren Menschen erlebe ich immer wieder ein strafendes Gottesbild", sagt Ansgar Ullrich vom Christlichen Hospizdienst Dresden. Erst unlängst fragte ihn bang vor Angst eine alte Frau, der die Erinnerung an ihr vor Jahrzehnten abgetriebenes Kind
25 keine Ruhe ließ: „Wie kann ich vor dem Gericht Gottes bestehen?" Auch jüngere Menschen aus christlichen Gemeinden, die stark die endgültige Teilung in Erlöste und Unerlöste betonen, werden von solcher Furcht umgetrieben.

„Nicht-christliche Patienten sind oft tief überzeugt, dass es nach
30 dem Tod weitergeht und sie mit geliebten Menschen vereint sein werden", sagt Regina Schönberg, die im Dresdner Hospizdienst Trauernde begleitet. „Da ist eine Hoffnung auf ein Weiterleben, ohne es benennen zu können. Die wenigsten sagen: Da ist nichts." In der atheistisch geprägten DDR aufgewachsenen Menschen fällt
35 es schwer, eine Sprache dafür zu finden. Vorsichtig tasten sie. „Ein sterbender Patient erzählte mir seinen Traum von einer Stadt, in der er allen Menschen aus seinem Leben in Frieden wiederbegegnet", sagt Hospizmitarbeiter Ansgar Ullrich. Eine Frau erzählte ihm von einer Wiese mit blühenden Apfelbäumen. (…)

„Für-wahr-halte-Fragen",
S. 44

Andreas Roth (geb. 1978), Theologe und Journalist, leitender Redakteur beim SONNTAG.

Auferstehungshoffnung der ersten Christen

Die Auferstehungshoffnung der ersten Christen war nicht in erster Linie von dem Wunsch bestimmt, nach dem Tode irgendwie weiterzuleben. Es ging ihnen vielmehr darum, mit ihrem Erlöser und Herrn, Jesus Christus, verbunden zu bleiben. Nicht Lebendig-Sein oder Tot-Sein war die Alternative, sondern entweder mit Christus zu Gott zu gehören oder ihn zu verlieren und damit alle Hoffnung aufgeben zu müssen:

Leben wir, so leben wir dem Herrn;
sterben wir, so sterben wir dem Herrn.
Darum: wir leben oder sterben,
so sind wir des Herrn.

Römer 14,8

Aus diesem Grund spielt bei der Hoffnung auf das ewige Leben auch immer die „Sünde" eine Rolle. Sünde ist das, was von Christus trennt. „... der Sünde Sold ist der Tod" (Römer 6,23). Nur wenn die Sünde vergeben wird, wenn Christus die Sünder zu sich holt, besteht Hoffnung auf Leben.

„Auferstehung" ist im Neuen Testament noch nicht die zunächst neutrale Vorbedingung für das Gericht Gottes am Jüngsten Tag, so wie es in den mittelalterlichen Darstellungen oft gezeigt wird. Auferstehung ist schon das Heil selbst, denn sie lässt „bei dem Herrn sein allezeit" (1 Thessalonicher 4,17). Im Bild gesprochen: Wir werden Teil des mystischen Leibes Christi und nichts kann uns mehr trennen von der Liebe Gottes (Römer 8,38f.).

Über die Umstände und Möglichkeiten eines „Weiterlebens nach dem Tod" gibt es im Neuen Testament keine Spekulationen und Paulus begnügt sich mit einfachen Bildern.

Die Erfindung des Fegefeuers

Die mittelalterliche Vorstellung vom Schicksal des Menschen nach dem Tod zieht drei unterschiedliche Vorgänge zusammen: Die Toten erstehen aus ihren Gräbern – Christus hält Ge-
5 richt – Die nun zweigeteilte Schar wird in den Himmel oder in die ewige Verdammnis der Hölle geführt.

Da diese Ereignisse aber erst am Ende der Weltzeit erwartet werden, ergibt sich das Prob-
10 lem, welche Form der Existenz man für die Verstorbenen in der Zeit zwischen ihrem Tod und dem Weltende annehmen müsse.

Hier konnte die ursprünglich platonische Auffassung von einer unsterblichen Seele hilfreich
15 sein: Die Seelen der Verstorbenen erwarten die Auferstehung in einem Zwischenzustand und erfahren dabei bereits eine Reinigung (Fegefeuer). Erst das Endgericht trennt die Seligen letztlich von den ewig Verdammten.

„Gericht",
S. 86

Was heißt „Auferstehung des Fleisches"?

von Gisbert Greshake

Was heißt eigentlich Auferstehung des Fleisches? Ist damit gemeint, dass am Ende der Geschichte die menschlichen Überreste, Knochen, Sehnen und Muskeln, von Gott wieder neu belebt werden, dass sich die Gräber öffnen, dass ein neuer Leib entsteht und dieser Leib der Seele, die schon im Himmel ist, gleichsam hinzugegeben   5
wird?

Sind dies nicht im Grunde kindliche Vorstellungen vor allem für uns heutige Menschen, die wir wissen, dass schon in unserem Erdenleben nach einigen Jahren nicht ein einziges Atom unseres Leibes in uns identisch bleibt?   10

Was soll da die Überzeugung von der Neubelebung der vermoderten Knochen des Menschen in den Gräbern? So kann das offenbar nicht gemeint sein. Was war denn eigentlich der ursprüngliche Sinn der Hoffnung auf Auferstehung und der Sinn der Zurückweisung der griechischen Antwort, allein die Seele finde Vollendung?   15

Anastasis-Ikone, Chora-Kirche, Istanbul, 1320/21

Deren Sinn war:
- Man wollte zum Ausdruck bringen: Nicht aus eigener Kraft, auf Grund seiner unzerstörbaren Seele, kommt der Mensch zur Vollendung, sondern Erfüllung findet er nur durch eine Tat Gottes, die ihm gleichsam „von außen" geschenkt wird.
- Nicht eine leiblose Seele wandert aus der Welt aus, um letzte Heimat bei Gott zu finden, sondern der ganze Mensch mit all seinem Tun und Lassen darf Hoffnung auf Vollendung haben, der ganze Mensch, der hineingewoben ist in Welt und Gesellschaft und sich in der Geschichte in Freiheit zu dem macht, der er schließlich im Tod ist.

Wenn man auf diese eigentliche Intention der Glaubensaussage blickt, bedeutet Auferstehung des Leibes nicht ein mirakulöses Endereignis an Knochen, Haut und Sehnen des sterblichen Leichnams, sondern das Hoffnungsbild „Auferstehung des Leibes" will zum Ausdruck bringen, dass der Mensch nicht nur als ein geschichtsloses geistiges Selbst Erfüllung findet, dass er vielmehr mit seiner Welt und Geschichte, mit seinem ganzen Leben zu Gott heimkehrt. (…)

So wie in den Falten eines alten Gesichtes die ganze Lebensgeschichte eingeschrieben ist, so ist im menschlichen Subjekt „seine" Geschichte und Welt unrücknehmbar eingetragen. Wenn der Glaubende hofft, dass Gott ihn auch im Tod nicht lässt, sondern ihm da, wo alle Zukunft zu Ende zu sein scheint, neue unüberbietbare Zukunft schenkt, so betrifft die erhoffte Zukunft also nicht eine Seele, die nun auswandert aus der Welt, sondern sie betrifft eine Person, in deren konkreter Prägung Welt für immer eingeschrieben, geborgen, aufgehoben ist. (…)

Der Christ hofft, dass im Tod Auferstehung geschieht. Auferstehung nicht in dem Sinn, dass der sichtbare Leib verwandelt wird; er wird ja als toter Leichnam in die Erde gesenkt. Auferstehung des Leibes heißt nicht Auferstehung des Körpers oder des Leichnams. Auferstehung bedeutet vielmehr, dass im Tod der ganze Mensch mit seiner konkreten Welt und Geschichte von Gott neue Zukunft erhält.

Diese Zukunft können wir uns nicht vorstellen, da wir nur die Bedingungen dieser Welt kennen, die endlich ist, die scheitert, die ins Nichts gehalten ist. Wir wissen nicht, wie eine Zukunft über den Tod hinaus aussieht, aber wir brauchen es auch nicht zu wissen.

Gisbert Greshake (geb. 1933), katholischer Professor für Dogmatik.

„Atman", S. 154

115

Tod in Hinduismus und Buddhismus

Die Welt fließt

von Rabindranath Tagore

Rabindranath Tagore
(1861–1941), bengalischer
Dichter und Philosoph,
Nobelpreisträger für Literatur.

Die Welt ist gleich einem Strom von Musik, ein beständiges Fließen
von Kräften und Formen, und daher macht sie, von außen gesehen,
den Eindruck der Vergänglichkeit. In ihrem beständigen Vergehen
ist sie ein Bild des Todes. Aber nur die einzelnen Töne vergehen,
die Melodie klingt ewig fort (…) Unser Ich ist das Gefäß, in dem 5
wir sammeln und bewahren und das uns die Möglichkeit gibt, wieder
hinzugeben. Wenn es uns nur um unser Ich zu tun ist, dann halten
wir unsern Vorrat sorgsam fest und werden elendiglich zuschanden.
Wenn es uns um die Seele zu tun ist, dann erkennen wir gerade in
der Vergänglichkeit des Lebens seinen ewigen Sinn und fühlen, 10
dass kein Verlust uns ärmer machen kann.

Samsara – Das Rad der Wiedergeburten

Die Ich-Sucht der Lebewesen, die Begierden und
Leidenschaften halten das Rad der Wiedergeburten
unaufhörlich in Gang. Die Welt ist ein ewiger Kreislauf von Entstehen und Vergehen, von Geburt und Tod. Kein Gott ge-
bietet Einhalt, kein Gericht setzt ein Ende, die Bewegung hält niemals 5
an. Seinem *Karma* kann niemand entfliehen.

„ewiger Kreislauf", S. 154

Was ist ein Wagen?

nach Milindapana

Ist ein Wagen seine Deichsel?
Die Achse? Die Räder? Der Kasten? – Nein.

Ist ein Wagen ohne das alles ein Wagen? – Nein.

Dann ist also ein Wagen nur dort, wo und
solange diese Dinge alle zusammentreten? –Ja.

So ist es auch mit dem Menschen:
Wo Körper, Empfindung, Wahrnehmung, Wille und Bewusstsein
sind, da ist ein Mensch und man kann ihm einen Namen geben.
Aber eine Person, unabhängig davon, eine Seele – die gibt es nicht.

„kein ewiger Kern", S. 166

Der islamische Glaube an das Jüngste Gericht

Abu-r Rida (1999)

Der fünfte islamische Glaubensartikel ist der Glaube an das Jüngste Gericht und an das Leben nach dem Tod. Er besagt, dass das Leben dieser Welt mit allem, was in ihr existiert, an einem bestimmten, bereits festgelegten Tag zu Ende gehen wird. Dieser Tag ist der „Tag
5 des jüngsten Gerichts"; dass alle Menschen, die jemals auf Erden gelebt haben, dann wieder zum Leben erweckt werden und Rechenschaft über ihr irdisches Leben ablegen müssen; dass Allah an diesem Tag in Barmherzigkeit, Gerechtigkeit und Weisheit über die Menschen richten wird. Diejenigen, die an Allah und Seine
10 Propheten glauben und deren gute Taten überwiegen, werden belohnt und gehen ein ins Paradies, wo sie in vollständigem Wohlbefinden ewig weiterleben werden. Diejenigen aber, die Allah und Seine Propheten leugnen oder deren schlechte Taten überwiegen, werden mit dem Höllenfeuer bestraft, wo sie sich in einem Zustand
15 größter Qual befinden werden.

Die Leugnung dieses Glaubenssatzes, wie wir ihn bei denen beobachten können, die von einer absoluten Freiheit des Menschen überzeugt sind, hätte demnach katastrophale Folgen: Übeltäter schreckten vor nichts zurück, kein Sünder wäre zur Reue bereit,
20 und gute, leidende Menschen müssten ohne Trost und Hoffnung leben und sterben.

Der Glaube an das Jüngste Gericht und an ein Leben nach dem Tod wurde von allen Gesandten Allahs gelehrt. Stritte man diesen Glaubenssatz ab, käme dies der unsinnigen Annahme gleich, dass
25 die Propheten uns belogen hätten.

Die Hölle ist ausgelöscht

von Werner Thiede

Im Sinne Karls Barths könnte man sagen: Es gibt die Hölle, aber um Jesu Christi willen steht sie leer. (…) Der Bezeugung des Evangeliums ist es dienlich, den furchtbaren Verdacht theologisch auszuräumen, Gott könne von seinem Wesen her eine Art ewiges „KZ" veranstal-
5 ten. Die Unvereinbarkeit ewiger Höllenqualen mit dem Glauben an den Vater Jesu Christi liegt derart klar am Tage, dass eine schließliche Versöhnung aller Dinge durch und mit Gott nicht nur ohne Scheu zu hoffen, sondern auch zu lehren als Gebot theologischer Vernunft gelten kann. „Denn Gott hat alle eingeschlossen in den Un-
10 gehorsam, damit er sich aller erbarme" (Röm 11,32).

„Versöhnungskraft", S. 86

Werner Thiede (geb. 1955), evangelischer Theologieprofessor und Publizist.

117

Kommen am Ende alle in den Himmel?

von Max W. Richardt

T14

Einerseits: Das Gericht ist nicht populär. Dass Gott am Ende als
Richter vor den Menschen steht und ein Urteil spricht, wird in der
Glaubensverkündigung heute oft verschwiegen. Dabei gibt es zwei
grundlegende Argumente, die zeigen, dass ein christlicher Glaube
ohne Gericht nicht vorstellbar ist.   5

Zum Ersten muss man sich klar machen, was die Opfer und die
unter Unrecht Leidenden dazu sagen sollen, wenn verkündet wird,
dass Gott die Täter nicht bestraft. Das Gericht Gottes ist in erster
Linie ein Ausdruck für die Hoffnung des christlichen Glaubens auf
Gerechtigkeit. Wer das Gericht leugnet, nimmt den Opfern die   10
Hoffnung darauf, dass Gott auf ihrer Seite steht. Man muss sich
Gott dann als gleichgültig gegenüber dem Unrecht und dem Leid
vorstellen, das Menschen anderen antun.

Der andere Gesichtspunkt ist die Sorge um die menschliche Freiheit. Versöhnt sich Gott am Ende mit allen, dann ist es gleich, ob der   15
Mensch glaubt, hofft und liebt. Am Ende wird auch der größte Ver-
brecher – notfalls gegen seinen Willen – in den Himmel aufgenommen. Dieser Akt der Versöhnung mit allem und jedem er-
schiene eher als göttliche Überwältigung. Man muss zu Gott doch
auch „Nein" sagen können, schon deswegen, damit das „Ja" des   20
Glaubens überhaupt Bedeutung hat.

Andererseits: Gott hält Gericht und trennt die Heiligen von den
Sündern. Ein guter Mensch findet Gnade vor den Augen Gottes
und wird für würdig befunden, ein neues Leben geschenkt zu bekommen, so berichtet es die Bibel an mehreren Stellen.   25

Aber eine solche Auferstehung, sozusagen als Belohnung, hat
einen Haken:

Es ist so, als ob man eine Tischdecke an einer Falte in der Mitte
fasst und sie ein bisschen lupft. Man hat nun einen Zipfel zwischen
den Fingern, genauso wie Gott den guten Menschen, und hebt ihn   30
hoch. Was passiert? Alles andere, das man nicht wollte, kommt
mit. Wie soll man auch einen Menschen aus seiner Welt, seiner
tausendfachen Verflechtung mit den anderen herauslösen?

Und was bliebe einem dann, wenn man den Guten gewaltsam
von seinem Leben trennt? Selbst der herausgeschnittene Flicken   35
würde sich auflösen, weil er ja nur aus nun unverbundenen Fäden,
aus Beziehungen, besteht. Genau wie ein Mensch.

Die Menschheit in Gerechte und Sünder aufzuteilen, ist eine hüb-
sche Idee, aber nicht durchführbar, wenn man nicht alles zerstören
will. Und Gott will nicht zerstören, Gott will erhalten. Das steht   40
auch in der Bibel.

Aufgaben

Abbildungen haben keine eigene Nummerierung; sie werden in die Zusammenhänge der Aufgaben zum Text (T1 …) eingebettet.

T1 – Erarbeiten Sie eine Interpretation der Skulptur. Nennen und deuten Sie Bildelemente, Symbole und Inschriften. Gehen Sie auch auf die Frage ein, weshalb dieses Grabmal eine so breite und lang andauernde Rezeption ausgelöst hat.
– Vergleichen Sie die Gestaltung der Erlösten auf diesem Bild (S. 108) und dem Bild auf S. 113. Worin kommt für den Maler die Erlösung der Menschen zum Ausdruck?
– Erörtern Sie die These: „Das Paradies ist kein Schlaraffenland, sondern die Utopie des vollen Menschseins."

T2
T3 – Arbeiten Sie heraus, aus welcher Perspektive und mit welchen Voraussetzungen die Statements und Fragen jeweils das Unvorstellbare eines Lebens nach dem Tod beleuchten.
T4 – Ergänzen Sie die Reihe mit eigenen Versuchen oder anderen Texten zum Thema, die Sie kennen.

T5 – Dorothee Sölle kritisiert die simplen Fürwahr-halte-Fragen (S. 44), die das Grundvertrauen des christlichen Glaubens nicht erfassen. Erarbeiten Sie Vorschläge für Fragen, die mehr in die Tiefe gehen und zu klären versuchen, warum die Gläubigen an der „unsterblichen Seele" festhalten.

T6
T7 – Der Glaube in Bildern: Vergleichen Sie die Auferstehungshoffnung der ersten Christen, Noah und die Taube (S. 70) mit den Gerichtsvisionen des Mittelalters (S. 80, 112f., die zu einem dreigeteilten Gerichtsbild gehören) und beschreiben Sie die Veränderung.
– Beschreiben Sie die Veränderung der Auferstehungshoffnung von der Zeit des Neuen Testaments zum Mittelalter. Untersuchen Sie die Rolle, die Christus jeweils spielt. Beziehen Sie Kapitel 3 (Mt 25) in Ihre Überlegung mit ein.

– Nennen Sie kirchengeschichtliche Entwicklungen, die zu dieser Veränderung beigetragen haben können.

T8
T9 – Verdeutlichen Sie anhand der Ikone, was Greshake heute unter „Auferstehung" verstanden wissen will und was nicht.
T10 – Erklären Sie den Unterschied zwischen „Auferstehung des Leichnams", „Auferstehung des ganzen Menschen" und „Seelenwanderung".
T11 – Die Jenseitshoffnung bestärkt nur das Ich in seiner eingebildeten Wichtigkeit. – Formulieren Sie in Thesen, was diese Texte über das menschliche Ich sagen.
T12 – Beschreiben Sie präzise, was nach dieser Vorstellung der Tod eines Menschen bewirkt.
– Stellen Sie die Spezifika einer christlichen, der fernöstlichen und der islamischen Vorstellung vom Dasein nach dem Tod nebeneinander. Heben Sie jeweils hervor, was die Vorstellung für Gläubige überzeugend und hilfreich machen kann und wie sie das Verhalten beeinflussen kann.

T12
T13 – Untersuchen Sie, welche Züge des Gottesbildes für die beiden Verfasser entscheidend sind, um die Frage nach dem Gericht zu beantworten

T14 – Analysieren Sie, welche theologischen Argumente hier eine Rolle spielen, die nicht in erster Linie am Gottesbild orientiert sind.
– Aktivieren Sie ihr **Grundwissen** und vergleichen Sie die Gerichtsaussagen des Glaubensbekenntnisses mit denen des Art. 17 des Augsburger Bekenntnisses (EG Nr. 906).
– Viele Glaubensprobleme sind nicht abschließend beantwortbar. Zu welcher Auffassung ein Glaubender neigt, hat mit seiner eigenen Lebenserfahrung zu tun. Bilden Sie sich ein begründetes Urteil und werden Sie sich klar darüber, welche Erfahrungen für Sie den Ausschlag geben.

Fachbegriffe

Fügen Sie in Ihr Fachbegriffe-Verzeichnis ein:

► Ewiges Leben
► Auferstehung
► Samsara

Kompetenzen

Ich kann

▨ erläutern, welche Probleme sich für die Vorstellung einer Totenauferweckung aus dem modernen Menschenbild ergeben

▨ darlegen, wie die Formulierungen des Glaubensbekenntnisses (3. Artikel) in der Geschichte des Christentums verstanden worden sind

▨ deutlich machen, welche Hoffnung der christliche Auferstehungsglauben in seinen verschiedenen Gestalten formuliert (**Grundwissen**)

▨ wichtige Unterschiede zu fernöstlichen Vorstellungen erläutern

▨ an Beispielen aus der Bibel verschiedene Vorstellungen von einem Gericht Gottes über die Menschen erläutern

▨ mit theologischen Argumenten zu der Frage Stellung nehmen, wie sich die Gerichtsvorstellung zum christlichen Gottes- und Menschenbild verhält

9 Nicht stehlen!

Bagatelldelikte?

„Emmely" sitzt wieder an der Kasse

Bericht aus der Frankfurter Allgemeinen Zeitung online

Gefeuert wegen 1,30 Euro – der Fall von „Emmely" hat bundesweit Aufsehen erregt. Nun sitzt die Berlinerin wieder an der Kasse und versucht an den Fernsehkameras vorbei zur Realität zurückzukommen.

5

22. Juni 2010. Sie genießt ihren Triumph bescheiden. Konzentriert, die Lippen zusammengepresst, bahnt sich die als „Emmely" bekannt gewordene Barbara E. mit der Geldkassette unterm Arm den Weg zu Kasse 4 – ihrem neuen Arbeitsplatz. Nach mehr als zwei Jahren Zwangspause, Prozessen, Berufungen und schließlich dem Sieg. „Es ist angenehm, wieder zu arbeiten", sagt die Kassiererin, die nach 31 Jahren ihren Job verloren hatte, weil sie zwei liegen gebliebene Pfandmarken für insgesamt 1,30 Euro eingelöst hatte.

10

„Sie finden mich jetzt immer hier", sagt sie einem ihrer ersten Kunden der Kaisers-Filiale. Als ihr der Kunde sagt: „Schön, dass Sie es geschafft haben", quittiert die 52-Jährige es schlicht mit „Danke". Mehr nicht. Sie will kein Aufhebens machen, kein Öl ins Feuer gießen – auch wenn der Filialleiter ausnahmsweise nicht in Sichtweite ist. Die meisten Kunden bemerkten ohnehin nicht, dass hier die Kassiererin ihren Einkauf übers Band zieht, deren Bild noch vorletzte Woche in fast allen Zeitungen zu sehen war. Da hatte das Bundesarbeitsgericht ihre Kündigung aufgehoben. Bagatelldelikte rechtfertigten zwar nach wie vor den Rauswurf, so die höchsten Arbeitsrichter. Nach 31 Jahren im Betrieb hätte es aber auch eine Abmahnung getan.

15

20

25

Eine Frage der Moral

von Max W. Richardt

Darf man Emmely nach 31 Jahren Betriebszugehörigkeit einfach rausschmeißen? Das hört sich nach einer ethischen Frage an, ist aber keine. Es ist höchstens eine juristische Frage, ob das Unternehmen zu einer fristlosen Kündigung *berechtigt* war oder ob eine
5 Abmahnung das korrekte Mittel gewesen wäre.

Zu einem ethischen Problem wird der Fall, wenn man fragt, ob es *fair und gerecht* ist, der Kassiererin zu kündigen. Damit ist gemeint, ob das Verhalten – in diesem Fall die Kündigung – den *guten Sitten,* also dem, was die Bürger eines Landes für anständig, gut und
10 vertretbar halten, entspricht. Man nennt das auch Moral.

Moral, so heißt es, versteht sich von selbst. Das ist insoweit richtig, als man über moralisches Handeln häufig nicht nachzudenken braucht, sondern intuitiv entscheidet, „was sich gehört" und was nicht.
15 Zum Problem werden solche Fragen erst, wenn verschiedene Handlungsmöglichkeiten gegeben sind und jede aus der Sicht der Moral eine gewisse Rechtfertigung für sich in Anspruch nehmen kann. Befindet man sich in einer solchen Situation, so muss man sich entscheiden, welchem moralischen Argument man den Vor-
20 zug geben will. Das ansonsten Selbstverständliche der Moral wird nun durch die Prüfung widerstreitender Gründe bewusst: Aus der Alltagsmoral wird eine Entscheidungsethik oder Konfliktethik.

Ethische Konflikte

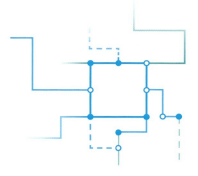

Es gibt immer wieder Situationen, in denen sich ein Mensch fragt: „Was soll ich tun?" Es kann dabei um banale Entscheidungen gehen, etwa, ob man sich eine blaue oder schwarze Hose kaufen soll, oder um tiefgreifendere mit hohem moralischem Anspruch, wie z. B. das Heinz-Dilemma:

Das Heinz-Dilemma
von Lawrence Kohlberg

Eine Frau, die an einer besonderen Krebsart erkrankt war, lag im Sterben. Es gab eine Medizin, von der die Ärzte glaubten, sie könne die Frau retten. Es handelte sich um eine besondere Form von Radium, die ein Apotheker in der gleichen Stadt erst kürzlich entdeckt hatte. Die Herstellung war teuer, doch der Apotheker ver- 5 langte zehnmal mehr dafür, als ihn die Produktion gekostet hatte. Er hatte 2000 Dollar für das Radium bezahlt und verlangte 20000 Dollar für eine kleine Dosis des Medikaments.

Heinz, der Ehemann der kranken Frau, suchte alle seine Bekannten auf, um sich das Geld auszuleihen, und er bemühte sich auch 10 um eine Unterstützung durch die Behörden. Doch er bekam nur 10000 Dollar zusammen, also die Hälfte des verlangten Preises. Er erzählte dem Apotheker, dass seine Frau im Sterben lag, und bat, ihm die Medizin billiger zu verkaufen bzw. ihn den Rest später bezahlen zu lassen. Doch der Apotheker sagte: „Nein, ich habe das 15 Mittel entdeckt, und ich will damit viel Geld verdienen."

Heinz hat nun alle legalen Möglichkeiten erschöpft; er ist ganz verzweifelt und überlegt, ob er in die Apotheke einbrechen und das Medikament für seine Frau stehlen soll. 20
Sollte Heinz das Medikament stehlen oder nicht?

Lawrence Kohlberg (1927–1987), Psychologe.

T3

Antworten

Der Autor dieser ethischen Dilemma-Situation, Lawrence Kohlberg, legte diese Geschichte Testpersonen zur Beantwortung vor. Aus dem Vergleich der Antworten und Begründungen stellte Kohlberg verschiedene Muster und Typen ethischer Argumentation zusammen.

Ja. Er rettet das Leben einer Person. Die Menschen sollten alles tun, um das Leben der anderen Menschen zu erhalten.

> Wenn das jeder so macht, dass er stiehlt und raubt, nur weil er glaubt, er muss etwas haben, könnte keiner mehr in Sicherheit leben.

Er sollte die Medizin nur stehlen, wenn er sie liebt. Die Liebe ist das Einzige, was ihn dazu berechtigt, sich über Gesetze hinwegzusetzen.

> Wenn eine Ehe geschlossen ist, dann ist das wie ein Vertrag. Er muss sich um seine Frau kümmern. Aber er darf dabei natürlich keine Gesetze verletzen, also nicht stehlen oder rauben.

Er sollte die Medizin stehlen, weil ihn der Apotheker ausbeuten wollte. Warum soll er ihn nicht auch aufs Kreuz legen, wenn er kann?

> Ja, er sollte stehlen, wenn er bereit ist, für den Diebstahl ins Gefängnis zu gehen.

> Er sollte stehlen. Wenn er sie sterben lässt, wird er sich sein Leben lang Vorwürfe machen und ein schlechtes Gewissen haben.

Der Wert des Eigentums ist kein Selbstzweck. Eigentum gehört in eine Gemeinschaft. Wenn das Bestehen auf dem Eigentum jemanden das Leben kostet, darf man es gar nicht respektieren. Eigentum verpflichtet.

Schritte zu einer ethischen Entscheidung

 T5

Was genau ist das ethische Problem?

Charakteristisch für ein ethisches Problem ist die Dilemma-Situation. Ich fühle mich zu etwas verpflichtet, aber eigentlich möchte ich etwas anderes tun. Wie ich mich auch entscheide, es bleibt etwas Unbefriedigendes zurück. Ich muss herausfinden, mit welchem moralischen Problem ich es auf einer allgemeineren Ebene zu tun habe.

Welche Umstände spielen eine Rolle?

Wenn ich zu einer sachgerechten Entscheidung kommen will, die ich verantworten kann, darf ich nicht aus einer Laune heraus entscheiden, sondern muss alle Umstände des Falles in Betracht ziehen.

Wie könnte man sich verhalten?

Bei ethischen Fragen soll man seine Kreativität einbringen. Meist gibt es eben nicht nur zwei Alternativen, sondern eine ganze Palette von unterschiedlichen Reaktionsmöglichkeiten. Dabei muss man sich über die möglichen Folgen klar werden und auch nach Kompromissen suchen.

Wonach soll man sich richten?

Um die Handlungsalternativen zu beurteilen und die richtige herauszufinden, braucht man Leitlinien und Orientierungspunkte: die Normen. Allerdings muss man für sich selbst feststellen, welche Normen man überzeugend und für sich verpflichtend findet; außerdem muss man damit rechnen, dass sich Normen im konkreten Fall widersprechen. Man muss also Prioritäten setzen.

Wie entscheide ich mich und warum?

Am Ende entscheide ich mich. Natürlich spielen dabei alle Gründe und Überlegungen eine Rolle, die vorher angestellt wurden. Aber: Jeder kann zu einer anderen Entscheidung kommen. Es ist meine Entscheidung. Ich kann die Gründe für *meine* Entscheidung darlegen, aber im Letzten ist es meine Freiheit, so oder so zu sein.

Soll ich dabei bleiben?

Nach der Entscheidung ist *vor* der Entscheidung. Meine Entscheidung war frei und bleibt frei. Ich kann sie nach besserer Einsicht oder schlechtem Gewissen auch widerrufen und abändern.

Werte, Normen und Gewissen

Menschen leben in Gemeinschaften, in denen je eine genau umrissene Ordnung herrscht. Das gilt für die äußere Ordnung der Gesetze, aber auch für die innere Ordnung im Bewusstsein der Mitglieder einer Gesellschaft. In ihr gelten bestimmte Dinge und Güter als gut und sinnvoll.
5 Diese Rangfolge von Werten ist charakteristisch für eine Gesellschaft und unterscheidet sie von anderen menschlichen Gemeinschaften.

Um diese Werte zu erreichen, bilden sich in der Gesellschaft typische Verhaltensweisen heraus. Wer in eine Gesellschaft hineinwächst, dem wird dieses gesellschaftskonforme Verhalten in Form von Regeln ver-
10 mittelt. Das innere Organ des Menschen, das diese Normen speichert und ihre Verbindlichkeit wach hält, heißt Gewissen.

Die Normen stellen Handlungsrichtlinien dar, die den Einzelnen darin anleiten, die gesellschaftlichen Zielvorstellungen in seinem Leben zu verwirklichen. Aber natürlich gelten diese Normen nicht uneinge-
15 schränkt. Sie befinden sich in einem ständigen Entwicklungsprozess und werden besonders an Konfliktfällen diskutiert, begründet oder abgeändert. Diese Diskussion ist das Feld der Ethik.

Wie kann man Normen begründen?

Autorität

Besonders in religiös geprägten Gemeinschaften gilt eine Norm dann als begründet und unbezweifelbar, wenn sie auf den Willen Gottes und eine allgemein anerkannte Tradition zurückgeführt werden kann.

Naturrecht

Normen gelten dann als begründet, wenn sie aus der Natur des Menschen hervorgehen. Diese Form der Argumentation wird gern angewendet, um bestehende Normen einer Gesellschaft als falsch zu kritisieren.

Nützlichkeit

Eine Norm gilt als akzeptiert, wenn deutlich gemacht werden kann, dass ein entsprechendes Verhalten Vorteile für viele oder alle Mitglieder der Gemeinschaft bringt.

Gerechtigkeit

Ausgehend von der Gleichheit aller Bürger, werden Normen dadurch gewonnen, dass die berechtigten Interessen aller in fairer Weise Berücksichtigung finden.

Gibt es christliche Normen?

T8

Auf diese Frage hält das Alte Testament die Zehn Gebote (2 Mose 20, 5 Mose 5) und das Neue Testament das Doppelgebot der Liebe (Mt 22,37–40) bereit. Die Frage ist nur, ob das in einem konkreten Konfliktfall zur Begründung einer besonderen Handlungsnorm ausreicht.

Der christliche Glaube hat ethische Konsequenzen, er schärft den 5 Blick auf die Situation, lässt Kompromisse weniger leicht durchgehen, ruft in die Verantwortung und gibt den Mut zu unkonventionellem Handeln, aber er begründet keine christlichen Normen, die nur für Christen gelten würden.

Martin Luther hat in seiner Rechtfertigungslehre in klassischer Weise 10 deutlich gemacht, was die Rolle des Glaubens in der Ethik ist: Der Christ ist befreit von allen autoritären Normen, die ihm vorschreiben wollen, was er zu tun hat, um das wichtigste Gut, seine Seligkeit vor Gott, zu gewinnen:

> **Ein Christenmensch ist ein**
> **freier Herr über alle Dinge**
> **und niemand untertan.**
> *Martin Luther*

Das gilt, weil ihm dieses wichtigste Gut schon sicher ist, bevor er 15 handelt. Aber ein zweiter Satz gehört für Luther unbedingt dazu:

> **Ein Christenmensch ist ein**
> **dienstbarer Knecht aller Dinge**
> **und jedermann untertan.**
> *Martin Luther*

Lucas Cranach d. Ältere, Martin Luther, um 1529

Befreit von aller Sorge um sein persönliches Glück und Heil, soll er die Bedürfnisse und Nöte seines Nächsten realistisch wahrnehmen und darauf mit Liebe reagieren. Aber das sollte eigentlich jeder Mensch tun, nicht nur ein Christ. 20

Fragt sich ein Christ, ob er genug Gutes getan hat, so wird ihm das unbestechliche Gewissen immer sagen, dass er ein Sünder ist. Darum soll er nicht auf sich selbst schauen, sondern auf Christus blicken, der sein böses Gewissen tröstet und ihn damit frei macht.

Sind Menschen von Natur aus gerecht?

von Jochen Mai

Angenommen, wir beide begegnen uns, und Sie wissen, ich habe 100 Euro bekommen, die ich verschenken soll, jedoch allein so, wie ich das für richtig halte. Ich kann Ihnen alles geben oder nichts oder nur einen Teil davon. Ihre einzige Option ist, das Angebot an-
5 zunehmen oder auch nicht. Allerdings hat das unterschiedliche Folgen: Nehmen Sie an, gilt unser Deal als abgemacht und Sie bekommen die Summe, die ich Ihnen zugedacht habe. Lehnen Sie ab, platzt das gesamte Geschäft – Sie bekommen nichts, ich aber auch nicht. In diesem Fall müsste ich die 100 Euro sogar wieder zurück-
10 geben. Die spannende Frage lautet nun:

Ab welcher Summe akzeptieren Sie mein Angebot?

Das Experiment gilt als Klassiker in der Ökonomie und wurde als
15 *Ultimatumspiel* bekannt. Interessant ist es deshalb, weil es die Idee vom rational handelnden *Homo oeconomicus* ins Reich der Legenden verweist. Rational wäre nämlich, Sie nehmen jedes Angebot an, das ich Ihnen unterbreite. Denn egal, ob Sie einen Cent, einen Euro oder 50 Euro erhalten – Sie stellen sich danach immer besser, als
20 wenn Sie das Angebot ablehnen würden. Nur machen die Menschen das nicht.

Tatsächlich ist den Menschen die empfundene Gerechtigkeit und Fairness wichtiger als der schnöde Profit. So haben Untersuchungen mit dem Ultimatumspiel immer wieder gezeigt, dass die Betei-
25 ligten erst bei einem Teilungsverhältnis von etwa 60:40 den Deal billigen. Andernfalls lassen sie das Geschäft platzen. Dabei nehmen sie gerne in Kauf leer auszugehen – Hauptsache, der olle Geizkragen bekommt auch nichts.

Golnaz Tabibnia von der Universität von Kalifornien wiederum
30 konnte schon vor einiger Zeit nachweisen, dass faires Verhalten die Belohnungszentren im Gehirn aktiviert – und zwar unabhängig davon, welche Summen gehandelt werden. Die Wissenschaftler um Tabibnia untersuchten im Magnetresonanztomographen, wie Probanden auf unterschiedliche Angebote reagieren. Die als fair er-
35 achteten Offerten aktivierten jene Hirnregionen, die mit positiven Gefühlen verbunden sind – und das sogar noch bei sehr geringen Summen. Die unfairen Angebote dagegen riefen merkbar negative Effekte hervor. Fazit: Fair gewinnt – ultimativ.

Jochen Mai (geb. 1968), Journalist und Buchautor von „Die Karriere-Bibel" sowie des Blogs „karrierebibel.de".

Eigentum ...

von Wolfgang Trillhaas

 T10 Zwar kommt der Mensch nackt auf die Erde und fährt nackt von dannen (Hiob 1,21 und Prediger 5,14), aber das ist kein Gegenargument gegen die anthropologische Bedeutung des Eigentums und seine Unverzichtbarkeit im Bild des Menschen. Erwirbt doch der Mensch auch sonst noch viele Dinge und Fähigkeiten, die ihn zum 5 Menschen machen und ohne die wir sein Menschsein nicht denken können, vor allem die Sprache.

Das Dekaloggebot „Du sollst nicht stehlen" macht die Verletzung des Eigentums zu einer Verletzung des Menschen selbst, wie denn auch die Nächstenliebe nicht denkbar ist, ohne dass wir unserem 10 Nächsten „sein Gut und Nahrung helfen bessern und behüten", um mit Luthers Kleinem Katechismus zu sprechen. Der Schutz des Eigentums ist eine dem Menschen zugewandte *Liebespflicht,* wobei zu beachten ist, dass die Liebe eben diesem Nächsten und nicht dem Eigentum als solchem gilt. 15

Machen wir uns die anthropologische Bedeutung des Eigentums im Einzelnen klar! Das Eigentum gibt dem Menschen die Mittel zum Leben. Es gibt ihm seinen *Bios* (Lebens-Mittel, Lebenskraft) im neutestamentlichen Sinne. Stellt man sich eine sozialistische Sozialordnung vor, in der jedem Einzelnen etwa seine Kleidung 20 und seine Nahrung zugemessen werden, so würde mindestens von dem Augenblick der Zumessung von Nahrung und Kleidung an ein „Eigentum" in diesem geschilderten Sinn entstanden sein. Natürlich reicht diese Begründung nicht aus.

Das Eigentum macht den Menschen unabhängig von anderen, 25 indem es ihm die Verfügung über gewisse Dinge gibt. Ich kann mit dem eigenen Buch, mit dem eigenen Kleid anders umgehen, als wenn Buch und Kleid einem anderen gehören und mir nur geliehen sind. Kraft des Eigentums fällt der Mensch anderen nicht zur Last.

Das Eigentum macht den Menschen frei und es erleichtert ihm 30 die Zivilcourage gegenüber denen, von denen er nicht materiell abhängig ist. Kraft des Eigentums kann ich über meine freie Zeit verfügen und Eigentum setzt den Menschen instand, anderen zu helfen. Es beflügelt zu Leistungen. Es ist Anreiz zum Fortschritt, ermöglicht uns die Ausweitung des Horizonts, während der fehlende Be- 35 sitz uns immer in die engsten Schranken des Daseins bindet.

Wolfgang Trillhaas (1903–1995), Professor für Praktische Theologie und Systematik.

… ist Diebstahl

von Pierre-Joseph Proudhon

Der erste, der ein Stück Land mit einem Zaun umgab und auf den Gedanken kam zu sagen: „Dies gehört mir" und der Leute fand, die einfältig genug waren, ihm zu glauben, war der eigentliche Begründer der bürgerlichen Gesellschaft. Wie viele Verbrechen, Krieg,
5 Mord, wie viel Elend und Schrecken wäre dem Menschengeschlecht erspart geblieben, wenn jemand die Pfähle ausgerissen und seinen Mitmenschen zugerufen hätte: „Hütet euch, dem Betrüger Glauben zu schenken; ihr seid verloren, wenn ihr vergesst, dass zwar die Früchte allen, aber die Erde niemandem gehört!"

T11

Pierre-Joseph Proudhon (1809–1865), französischer Ökonom und Soziologe, Vertreter des Anarchismus.

Wer bestiehlt wen?

von Karl Marx und Friedrich Engels

Ihr entsetzt euch darüber, dass wir das Privateigentum aufheben wollen. Aber in eurer bestehenden Gesellschaft ist das Privateigentum für neun Zehntel ihrer Mitglieder aufgehoben;
5 es existiert gerade dadurch, dass es für neun Zehntel nicht existiert. Ihr werft uns also vor, dass wir ein Eigentum aufheben wollen, welches die Eigentumslosigkeit der ungeheuren Mehrheit der Gesellschaft als notwendige Bedingung voraussetzt. Ihr werft uns mit einem Wort vor, dass wir euer Eigentum aufheben wollen. Allerdings, das wollen wir.

T12

Karl Marx (1818–1883), Philosoph und einflussreichster Theoretiker des Sozialismus und Kommunismus.

Friedrich Engels (1820–1895), Philosoph und kommunistischer Revolutionär.

… verpflichtet

„Eigentum verpflichtet", so heißt es im Grundgesetz Artikel 14 (2). „Sein Gebrauch soll zugleich dem Wohle der Allgemeinheit dienen." – Das schrankenlose Recht, sein Eigentum zu gebrauchen, wird schon in der Bibel kritisiert. Wer anderen Geld leiht, darf dafür keine Zinsen
5 verlangen (3 Mose 25,35–37) und zu bestimmten Zeiten sollen alle, die sich verschuldet haben, wieder bei Null anfangen dürfen, so der Sinn des sogenannten Sabbatjahres.

T13

T14

(dpa) Für das illegale Bereitstellen von Musiktiteln im Internet muss sich eine Ehefrau und Mutter von zwei Söhnen verantworten. Nach einer am Donnerstag vom Kölner Oberlandesgericht (OLG) 5 veröffentlichten Entscheidung haftet die Frau aus Oberbayern als Inhaberin des von der ganzen Familie genutzten Internetanschlusses.

Über den Anschluss waren im August 10 2005 insgesamt 964 Musiktitel unerlaubt als MP3-Dateien zum Download angeboten worden. Musikfirmen wie EMI, Sony, Universal und Warner Deutschland mahnten die Frau ab. Laut 15 Urteil hat sie die Abmahnkosten von 2380 Euro zu tragen (Az.: 6 U 101 / 09).

Die Frau bestreitet, die Musikstücke im Internet angeboten zu haben. Neben ihr hatten ihr Ehemann sowie ihre damals 10 und 13 Jahre alten Söhne Zugang zu dem Rechner. Nicht auszuschließen 20 sei es, dass auch der Ehemann den Anschluss genutzt habe, hieß es in einer Vorlage des Gerichts. Denn es seien viele ältere Titel zum Download angeboten worden, wie etwa von der Rockgruppe The Who.

Der Senat ließ in seiner Entscheidung offen, inwieweit der Inhaber 25 eines Internetanschlusses überwachen muss, dass andere Personen keine Urheberrechtsverletzungen über seinen Anschluss begehen. Im konkreten Fall habe die Frau jedenfalls nichts dazu vorgetragen, wer nach ihrer Kenntnis den Verstoß begangen haben könnte, so das OLG. Das Urteil ist noch nicht rechtskräftig. 30

Aufgaben

Abbildungen haben keine eigene Nummerierung; sie werden in die Zusammenhänge der Aufgaben zum Text (T1 …) eingebettet.

T1 – Sammeln Sie Meinungen zum Fall „Emmely": Nach welchen Kriterien wird jeweils geurteilt?

T2 – Klären Sie die Gegensätze „juristisches Urteil" – „ethisches Urteil"; „Alltagsmoral" – „Konfliktethik".

T3 – Formulieren Sie eine eigene, begründete Antwort auf die Schlussfrage.

T4 – Diskutieren Sie die verschiedenen Antworten und untersuchen Sie, welchen Typen von Begründungen in T7 sie zuzuordnen sind. Recherchieren Sie, welche Stufen des moralischen Urteils von Kohlberg selbst vorgeschlagen werden, und ordnen Sie die Antworten zu.

T5 – Wenden Sie die Schritte auf den Fall Heinz (T3) an. Vergleichen Sie Ihr Ergebnis mit Ihrer spontanen Antwort beim Erstkontakt mit T3.

T6 – Entwickeln Sie Ziele für eine ethische Erziehung. Überprüfen Sie, wie diese im Ethikunterricht umgesetzt wird. Befragen Sie dazu auch Lehrer/-innen und Schüler/-innen des Ethik-Unterrichts.
– Definieren Sie, was hier unter „Gewissen" verstanden wird. Vergleichen Sie diese Definition mit der Verwendung des Begriffs in T8/T9 im Kapitel 10 (S. 144)

T7 – „Normen gelten. Man muss sie nicht begründen." Diskutieren Sie die Berechtigung dieses Standpunktes. Untermauern Sie Ihre Position mit Beispielen.

T8 – Aktivieren Sie Ihr **Grundwissen** hinsichtlich der Grundanliegen evangelischen Glaubens und Lebens (Rechtfertigungslehre). Diskutieren Sie aus der Perspektive Luthers: Können Gewissensbisse dafür sorgen, dass die Menschen besser werden?

– Prüfen Sie, welche Rolle des Gewissen in den Fällen T1, T3 und T9 spielt und versuchen Sie jeweils eine „typisch christliche" Antwort formulieren.

T9 – Stellen Sie das Spiel der Forscher nach (z.B. in der Parallelklasse). Fassen Sie das Resultat zusammen und vergleichen Sie es mit Ihren Vorerwartungen.

T10 – Recherchieren Sie im „Bürgerlichen Gesetzbuch" (BGB) und Strafgesetzbuch (StGB) über den „Schutz des Eigentums".
T11 – Vergleichen Sie die Strafen für Eigentumsdelikte mit den Strafen bei Körperverletzung oder Verkehrsdelikten. Ziehen Sie daraus
T12 Schlüsse auf den Stellenwert, den Eigentum in unserer Gesellschaft hat.
T13 – Vergleichen Sie die grundlegenden Argumentationen der drei Texte (S. 131) und versuchen Sie eine Einordnung in das Schema von T7.
– T10 stammt aus einer theologischen Ethik. Prüfen Sie, wie hier mit den Grundsätzen Luthers (T8) verfahren wird.
– Das Zinsverbot des Alten Testaments, an dem auch Luther noch festhielt, wird heute in unserer Gesellschaft nicht mehr beachtet. Wie könnte ein christlicher Banker dies rechtfertigen? Argumentieren Sie auf dem Hintergrund Ihrer Erkenntnisse aus Kapitel 4 über die Bibelauslegung.
– „Menschliches Zusammenleben ohne Eigentum ist eine Utopie." – Erörtern Sie diese These unter Einbeziehung christlicher Vorstellungen vom Menschen.

T14 – Bereiten Sie eine Podiumsdiskussion zum Problem „Raubkopien – Urheberrecht im Internet für Normalverbraucher" vor. Klären Sie die rechtliche Lage für verschiedene Tatbestände (Kopien anlegen, Kopien weitergeben, private Nutzung, wirtschaftliche Nutzung, frei zugängliche Software, Knacken von Sicherungen etc.) und bringen Sie verschiedene Perspektiven ein (Autoren, Nutzer, Händler etc.).

Fachbegriffe

Fügen Sie in Ihr Fachbegriffe-Verzeichnis ein:

- ▶ Dilemma
- ▶ Ethik
- ▶ Moral
- ▶ Norm
- ▶ Eigentum
- ▶ Gewissen

Kompetenzen

Ich kann

- am Beispiel deutlich machen, wie ein Alltagsproblem ethisch und rechtlich analysiert werden kann

- in einer ethischen Argumentation wichtige Fachbegriffe richtig verwerden (**Grundwissen**)

- am Problem „Eigentum" erläutern, wie Werte und Normen der Gesellschaft begründet und geschützt werden

- aus christlicher Sicht zu ethischen Problemen Stellung nehmen (**Grundwissen**)

- erklären, welche Rolle die Rechtfertigungslehre dem Gewissen des Menschen zuweist

10 Nicht lügen!

Um jeden Preis die Wahrheit?

Pro
von Petra Harms

Petra Harms (geb. 1971), ist Journalistin.

„Steht mir das?", fragt meine Freundin und kommt in einer rosa Wolke aus der Umkleidekabine, die sie mindestens vier Kilo dicker plus zwei Jahre älter macht und sie in die Kategorie der Geschmacksverirrten katapultiert. Aber sie strahlt, als hätte sie den Mode-Oscar bekommen. Was tun? Sie im Glauben lassen, dass die Wolke eine Wolke ist oder sie unsanft auf den Boden der Tatsachen holen? Man bekommt meistens nicht den Höflichkeits-Award für Offenheit. Aber mal ehrlich: Will man seine Freundin als Zuckerwatten-Bommel auf die Straße lassen? Will man jahrzehntelang zähen Hammel essen, weil man sich nicht traut, der Schwiegermutter zu sagen, dass er widerlich schmeckt? Will man jeden Tag neben einem müffelnden Kollegen sitzen, weil der seine Dusche nicht findet und man nicht die Courage besitzt, ihm den Weg dorthin zu zeigen? Ehrlich währt am längsten. Man muss ja nicht gleich die verbale Axt rausholen. Aber Offenheit, gepaart mit ein wenig diplomatischem Geschick, rettet uns manchmal vor lebenslangen Lügen. Meine Freundin zieht alle Blicke in ihrem sexy schwarzen Cocktailkleid auf sich, die Schwiegermutter serviert vorzügliche Schnitzel, und der Kollege hat von allen zum Geburtstag eine tolle Männer-Pflegeserie geschenkt bekommen. Und, offen gesagt, riecht er jetzt viel besser.

Peter Paul Rubens, Venus im Spiegel, 1615

Kontra
von Natascha Zeljko

„Ich finde, seit ich nicht mehr rauche, sehe ich irgendwie viel frischer aus", sage ich zu meiner Schwiegermutter in spe. „Ach, eigentlich nicht. Nur dicker." Und als hätte diese Kränkung allererster Güte nicht ausgereicht, setzt sie noch eins drauf, indem sie beim Schwieger-
5 vater in spe mit „Ist doch so, Dieter?!", um Bestätigung heischt. War das nötig? Will man von seiner Umwelt mit der blanken Wahrheit oder dem, was sie dafür halten, konfrontiert werden? Nein danke! Schließlich bin ich nicht sado-masochistisch veranlagt. Denn meistens weiß man doch selbst, dass man blass und
10 müde aussieht, der Pulli farblich doch nicht zum Rock passt oder man die Pointe gerade ordentlich vermasselt hat.
Schonungslose Aufklärung ist keine Tugend, sondern ein Mangel an Höflichkeit. Und so sehe ich über die kleinen Fehler und Unzulänglichkeiten meiner Freunde, Kollegen und Nachbarn hinweg.
15 Mit Heuchelei hat das aber nichts zu tun. Schließlich muss man deswegen dem müden Gesicht nicht sagen, wie frisch und ausgeruht es aussieht, oder das geschmackvolle Outfit loben, während die Synapsen ob der abenteuerlichen Farbwahl verrückt spielen. Was ich meine, ist Taktgefühl. Und davon könnten einige Mitmen-
20 schen ein bisschen mehr vertragen. Nicht nur meine inzwischen Ex-Schwiegermutter in spe.

Natascha Zeljko (geb. 1978), ist stellvertretende Chefredakteurin.

137

Ohne Lügen durchs Leben?

von Susanne Breit-Kessler

Manche Menschen teilen Lügen sorgsam in „black lies" und „white lies" ein, in schwarze und weiße Lügen. Schwarze Lügen, das sind demnach die, die so richtig mit finstrer Absicht gesagt werden: um den Partner zu betrügen oder um einen Betrug nicht auffliegen zu lassen, um sich selber aus einer misslichen Lage herauszureden, um einen anderen anzuschwärzen. Wer bewusst nicht die Wahrheit sagt, um selber gut dazustehen oder gar die Verantwortung für eigene Schuld nicht zu übernehmen, der lügt „schwarz". 5

Weiße Lügen wären demnach harmlose Schwindeleien, die einen selbst oder andere vor kleinen Ärgerlichkeiten schützen sollen. 10 Man lässt sich am Telefon verleugnen, weil man mit dem Anrufer gerade nicht sprechen möchte. Bei einer unliebsamen Einladung, der man nicht folgen will, schützt man eine Erkältung vor. Einen Brief, den man vergaß zu beantworten, hat man angeblich nicht bekommen. 15

(…) Aber: Man soll einen anderen mit der Wahrheit sanft umhüllen. Aber eben doch mit der *Wahrheit*. Die Unterscheidung zwischen schwarzen und weißen Lügen, die Überlegung, dass gelegentliches Schwindeln eher nützt und jedenfalls nicht weiter schadet, hilft nicht weiter. 20

Zur eigenen Unruhe kommen die schwerwiegenden Konsequenzen, die das Lügen in der Beziehung zu anderen hat. Man wird nicht mehr ernst genommen, selbst wenn man aufrichtig ist – man wird ganz einfach völlig unglaubwürdig. Natürlich ist es manchmal unbequem und sehr unangenehm, die Wahrheit zu sagen. Es 25 macht schon Mühe, nach Worten zu suchen, die die Wahrheit transportieren, und zugleich achtsam mit anderen und sich selbst umzugehen.

Der politische Romantiker Novalis aber hat über den Menschen gesagt: „Gibt er die Wahrheit preis, gibt er sich selber preis." Die 30 Wahrheit muss heraus, auch wenn sie sehr schmerzhaft ist. Es ist ein Akt der Befreiung, sich der Wahrheit zu stellen. Jeder weiß dann, wie er mit dem anderen und mit sich selbst dran ist.

Susanne Breit-Kessler
(geb. 1954), Regionalbischöfin
in Bayern und Kolumnistin
bei Chrismon.

Lügen haben rote Ohren

von Rainer Erlinger

Ferdinands Schwester Pia war seit einigen Tagen völlig verändert. Das hängt bestimmt mit ihrem Urlaub zusammen, dachte Ferdinand. Sie hatte sich schon so lange darauf gefreut und es war auch nicht leicht gewesen, die Er-
5 laubnis der Eltern zu bekommen: Sie durfte mit ihrer besten Freundin zwei Wochen nach Frankreich fahren. (…)
   Aber da musste noch etwas sein, weil das mit dem Urlaub schon seit Monaten geplant war und sie sich erst seit
10 ein paar Wochen so merkwürdig benahm. (…) So war sie beim Essen immer sehr still und immer gleich satt. Als sie dann gar nicht mehr zum Essen kommen wollte, fragte die Mutter: „Was ist denn los?"
   „Gar nichts. Was soll denn sein?", sagte Pia und wurde rot.
15 „Du hast doch etwas", drängte die Mutter, „los, raus damit!"
   Pia druckste noch etwas herum, aber dann legte sie los: „Ich habe mich in Marc, den süßesten Jungen der Welt, verliebt."
   „Ach so", meinte die Mutter, „das ist doch wunderbar.
20 Wo ist das Problem? Mag er dich nicht?"
   „Nein, nein!", sagte Pia, „das ist es nicht. Er liebt mich auch. Er ist ja so süß. Das Furchtbare ist", und da schossen ihr die Tränen in die Augen, „er geht in ein paar Wochen für ein Jahr als Austausch-schüler nach Amerika. Das wird furchtbar, da sehen wir uns ein
25 Jahr lang nicht. Aber auf alle Fälle möchte ich bis dahin möglichst jede Minute mit ihm zusammen sein."
   „Ja und?", warf Ferdinand ein, „dann mach es halt!"
   „Als wenn das nicht schon schlimm genug wäre", sagte Pia, „habe ich doch den Urlaub mit Anne ausgemacht und das ist doch schon
30 in drei Wochen. Ich halte es nicht aus, von den wenigen Wochen, die Marc noch da ist, zwei statt mit ihm mit Anne im Urlaub zu verbringen. Ich muss den Urlaub absagen, aber ich weiß nicht, wie. Anne wird furchtbar enttäuscht sein, weil sie jetzt gar nicht in den Urlaub fahren kann. Aber sie kann ich doch auch weiterhin täglich
35 sehen, Marc aber dann nicht mehr, wenn er so lange weg ist. Ich habe mir überlegt, ich sage Anne einfach, dass mein Geld nicht reicht und wir deshalb nicht fahren können. Das ist das Einfachste. Nur habe ich ein furchtbar schlechtes Gewissen dabei."

Bocca della veritá, Rom

Rainer Erlinger (geb. 1965), deutscher Arzt, Jurist und Kolumnist.

Philosophen über die Lüge

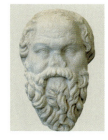

Platon (1724–1804), antiker
griechischer Philosoph.

Die Wahrheit geht nun allen Gütern für die
Götter, allen Gütern für die Menschen voran.
Ihrer möge, wer glücklich und gesegnet
werden will, gleich von Anfang an teilhaftig
sein, damit er möglichst lange Zeit als ein
Mann der Wahrheit lebt.
Denn dann ist er vertrauenswürdig;
nicht vertrauenswürdig aber ist der,
der die freiwillige Lüge liebt, wer aber die
unfreiwillige, der ist ohne Verstand.

Wahrheit? Lüge? Vertrauen?

Thomas von Aquin
(1225–1274), Dominikaner-
mönch und Philosoph.

Da die Worte von Natur Zeichen der
Gedanken sind,
ist es unnatürlich und unerlaubt,
dass man durch die Sprache kundgibt,
was man nicht im Sinne hat.

Lüge? Wahrheit? Vertrauen?

Immanuel Kant
(428–348 v.Chr.), Philosoph
der Aufklärung.

Der Lügner hebt aber die Gemeinschaft auf …,
weil sie die Menschen unfähig macht, aus dem
Gespräch des anderen etwas Gutes zu ziehen.
Die größte Verletzung der Pflicht des Menschen gegen sich selbst (…) ist das Widerspiel
der Wahrhaftigkeit: die Lüge.
Die Mitteilung seiner Gedanken an jemanden
durch Worte,
die doch das Gegenteil von dem (absichtlich)
enthalten, was der Sprechende dabei denkt,
ist ein der natürlichen Zweckmäßigkeit seines Vermögens
der Mitteilung seiner Gedanken gerade entgegengesetzter Zweck,
mithin Verzichtung auf seine Persönlichkeit und eine bloß
täuschende Erscheinung vom Menschen, nicht der Mensch selbst.

Wahrheit? Lüge? Vertrauen?

Wahrheit am Krankenbett?

Meinungen – Erfahrungen – Einsichten

Es ist eine Tatsache, dass die meisten der auf den Tod
Kranken wissen, dass sie sterben müssen, auch wenn es ihnen
nicht mitgeteilt wird.

Sterbende wollen sich gern einmal aussprechen, aber es
wird ihnen das Wort mit allerlei ausweichenden Redewendungen,
falschem Trost und abwehrenden Gesten abgeschnitten.

Es ist schwer, besonders für Ärzte, Sterbenden die Wahrheit zu sagen.
Die Auskunft des Arztes kann als Todesurteil missverstanden werden.

Die Mitteilung des klinischen Befundes ist noch keine
Wahrheit, sondern eine Richtigkeit, die manchmal falsch sein oder
sich verändern kann.

Die Frage der Wahrheit am Krankenbett ist keine Frage von
Grundsätzen, sondern ein Kommunikationsproblem.
Wahrheit hat weniger mit nackten Tatsachen zu tun als mit Treue
und Bereitschaft zur Begleitung.

Viele Patienten wollen gar nicht die Wahrheit wissen,
damit sie die Hoffnung nicht verlieren und geschont werden.

Wer einem Sterbenden die „Wahrheit" sagt,
übernimmt damit die Verantwortung, ihn zu begleiten.

Man darf ihnen die Wahrheit nicht als einmalige Aussage
„hinwerfen", um sie dann sich selbst zu überlassen.
Wahrheit braucht ein Umfeld, das von einer Beziehung,
beziehungsweise von Vertrauen getragen ist.

Der Patient hat wohl befürchtet, dass er unser Interesse
und unsere Zuwendung verliert, wenn und sobald eine
Übereinstimmung besteht, dass er nicht mehr zu retten ist.
Er hat befürchtet, wir würden ihn aufgeben –
und er befürchtet es zu Recht.

Die nackte Wahrheit heilt nur selten

von Brigitte Boothe

 T7

Die nackte Wahrheit ist nicht immer heilsam. Warum?
Weil wir sie nicht vertragen. Und dazu hat Freud uns eine ein-
leuchtende Idee geliefert. Ich fange aber nicht direkt bei Freud an,
sondern bei demjenigen, der gesagt hätte: „Doch, die nackte Wahrheit ist heilsam!" Und das war sicherlich Immanuel Kant mit seiner   5
berühmten Forderung, immer die Wahrheit sagen zu müssen, weil
man sonst das andere Wesen in seiner Würde, in seinem Wert gar
nicht anerkennt. Dazu hat Kant gute Argumente gebracht. (…)

Freud hat aber gesagt: „Gut, das ist eine gute Idee, aber wir sind so
gebaut als Individuen, dass wir unbemerkt, bevor wir das über-   10
haupt bewusst wahrnehmen, die Wirklichkeit schon so umdeuten,
dass wir ein besseres Gefühl haben, dass wir entspannter sind, dass
wir Wohlbefinden erreichen."

Er hat das interessanterweise an seiner Theorie des Traumes besonders belegt. Der Traum ist nach Freud ein Mittel zur Schlaf-   15
erhaltung und wird eingesetzt, damit wir weiter schlafen statt auf-
zuwachen. (…) Dann setzen wir einen Traum dagegen, der uns
beruhigt, der aber alles andere ist als die Wirklichkeit, so wie das
Sprichwort ja auch sagt: „Träume sind Schäume." (…)

20

Wozu brauchen wir diese Illusionen?
Um entspannt zu sein, um mehr psychische Gesundheit zu haben.
Und tatsächlich scheint ja auch die psycho-physische Forschung zu
belegen, dass Personen, die sich Glücksfantasien machen können,
die die Welt eher positiv sehen und weniger mit sich und anderen   25
hadern, auch tatsächlich körperlich besser dran sind, gesünder
sind und älter werden als die anderen.

*Das heißt, wir leben nicht unmittelbar in einer Wirklichkeit, sondern
wir leben in einer wahrgenommenen Wirklichkeit, in einer immer*   30
*schon interpretierten, immer schon gedeuteten. Der eine sieht eben
das Leben positiv, der andere negativ, und das beeinflusst ihn, seine
Sicht auf die Wirklichkeit, nicht die Wirklichkeit selber. (…)*
Denken wir mal an einen ehrgeizigen Schüler oder an einen ehrgeizigen Studenten, der jetzt über längere Zeit schon vermieden   35
hat, sich bestimmten Prüfungen zu stellen. Das wäre so ein Mittel, um
möglicherweise eine ehrgeizige Selbsttäuschung in Bezug auf den
eigenen Glanz aufrechtzuerhalten. Man entzieht sich den Prüfungen,
man sieht aber z. B. an Referaten, an Diskussionsbemerkungen, am
Fortkommen der anderen, dass man eigentlich nur in der Mitte   40
oder noch darunter liegt, und muss jetzt immer wieder neuen Auf-

wand treiben, um den Eindruck vor sich selbst wenigstens noch
aufrechtzuerhalten, dass man alle anderen überflügeln kann.

45 In dieser Situation würde man sagen: Du kriegst so viele Hinweise
aus deiner Umgebung, aus deiner Umwelt, aus deiner Situation,
dass du etwas ändern solltest, dass du den Blick verändern solltest
in Bezug auf das, was los ist. Meistens kann man das aber gar nicht
allein, sondern braucht einen wohlwollenden anderen, der diese
Situation mit einem neu durchdenkt.

50

Das ist ja in der Regel eigentlich die Rolle des Partners, die Rolle des-
jenigen zu spielen, der in die Wirklichkeit zurückholt. (…)
Das, was der andere, der Partner, leisten kann, sind zwei Dinge. Er
soll mir zeigen: Er respektiert mich. Ich bin, auch wenn ich viel-
55 leicht kein Überflieger bin, immer noch eine wesentliche und zu
respektierende Person, die ihm sympathisch ist, der er das Beste
wünscht. Das ist das Wichtige, denn jede Konfrontation mit einer
Illusion ist so beschämend, dass man dazu neigt, sich selber tief
runterzumachen, in schlimmen Fällen in Verzweiflung zu geraten,
60 und sich außerordentlich schwer tut, aus dieser Situation des Ge-
sichtsverlustes wieder herauszukommen. Dazu braucht es den anderen.

Der andere hilft einem aber auch, weil er nicht so befangen ist,
weil er nicht dieselben Motive hat, weil er nicht so gebunden ist an
65 das Wunschdenken, die Situation genauer zu betrachten – der
Person die Wirklichkeit schmackhafter zu machen als die Illusion,
mit der sie letztlich dann den Nachteil hat, allein und isoliert zu
bleiben. (…)

Das heißt, zwei zusammen können untersuchen, was hier eigent-
70 lich wirklich der Fall und was eine Illusion ist, die wir aber getrost
gemeinsam begraben können, denn der eine kann dem anderen
sagen: „Und dann habe ich dich immer noch lieb!"

Brigitte Boothe (geb. 1948),
Professorin an der Universität
Zürich, Psychologin
und Psychoanalytikerin.

Gewissen

von den Toten Hosen

T8

Ich bin immer hinter dir,
jeden Tag von früh bis spät.
Ich bin in deiner Nähe,
ganz egal, wohin du gehst.
Ich bin das schlechte Gefühl,
das du hin und wieder kriegst
und das du ohne Schwierigkeit
einfach zur Seite schiebst.

An deinem letzten Tag hol ich dich ein,
nehm dich fest in meinen Griff.
Dann kommst du nicht mehr an mir vorbei
Und ich zeige dir dein wahres Ich.
Den tausend Lügen von dir wirst du dich stellen,
all den Tricks und Spielereien.

Ich bin dein Gewissen,
ich lass dich nicht allein.

Ich bin die Zecke,
die in deinem Nacken sitzt.
Mich wirst du nicht los,
ob du willst oder nicht.
Dein Schlaf ist heut noch tief und fest,
weil du meinst, du kommst ohne mich aus,
aber glaube mir: selbst du
wachst irgendwann mal auf.

Gewissensfreiheit

von Karl-Friedrich Haag

T9

„GG Art. 4", S. 23

Karl-Friedrich Haag
(geb. 1942) ist ein deutscher
evangelischer Theologe.

Wer Gewissensfreiheit fordert, fordert nicht „Beliebigkeit" und Unverbindlichkeit ethischer Entscheidungen; es geht vielmehr um jene Situationen, in denen der Mensch in seinem Innersten („Personenzentrum"), in seinem Personensein herausgefordert ist: Gerade dies ist dem Zugriff und der Beurteilung von außen entzogen und soll ihm auch entzogen bleiben.

Das, woran sich ein Mensch bindet, worauf er sich verpflichtet, ist „seine Sache". Gewissensfreiheit meint also nicht Orientierungslosigkeit, sondern dies, dass der Mensch – in letzter Entscheidung – selbst bestimmt, woran und woraufhin er sich orientiert.

Aufgaben

Abbildungen haben keine eigene Nummerierung; sie werden in die Zusammenhänge der Aufgaben zum Text (T1 …) eingebettet.

T1
- Formulieren Sie eine Regel, mit der man schwarze und weiße Lügen sicher voneinander unterscheiden kann.

T2
- Diskutieren Sie: Sind Sie für die Pro- oder Kontra-Argumente?

T3

T4
- Erörtern Sie im Zusammenhang mit dem geschilderten Fall die folgenden Sätze: „Das Gewissen ist ein unbestechlicher Wahrheitskünder und duldet keine Lüge!" – „Wirst du rot, so mahnt dich Gott!" – „Eine gnädige Lüge ist besser als eine lieblose Wahrheit."
- Vergleichen Sie Ihre Definition von Gewissen aus Kapitel 9 mit der Verwendung des Wortes in Z. 38.
- Beraten Sie Pia auf der Grundlage von Martin Luthers Auslegung zum 8. Gebot (im Kleinen Katechismus).

T5
- Entwickeln Sie ein Schaubild / eine Tabelle, die die verschiedenen Definitionen und Auffassungen von Wahrheit, die sich von T1 bis T4 gezeigt haben, ordnet.

T6
- Der Arzt überlegt, ob er am Krankenbett die ganze unerbittliche Wahrheit sagen soll. Sein Freund, der Philosophieprofessor, empfiehlt ihm die „Schritte zu einer ethischen Entscheidung" (Kapitel 9, T5): Gehen Sie diese Schritte mit ihm durch. Nennen Sie weitere Kriterien, die bei der Entscheidung im konkreten Einzelfall helfen können.
- Überlegen Sie sich mit Bezug auf Kapitel 7, T6, wie der Patient auf die Todesnachricht reagieren könnte.

T7
- Stellen Sie die beiden Positionen von Kant und Freud einander gegenüber, so wie sie in dem Interview vorkommen.
- „Illusionen und Lebenslügen helfen – aber sie sind ein gefährliches Gift!" – Machen Sie an Beispielen deutlich, welche negativen Auswirkungen solche Selbsttäuschungen haben.
- „Der Mut zur Wahrheit kommt von einem Partner, der uns liebt." – Erläutern Sie diese These mit den Beispielen des Interviews.

T8
- „An deinem letzten Tag …" Deuten Sie die Rolle des Gewissens in diesem Liedtext. Spricht das Gewissen das Urteil über die Person anstelle des Gerichts Gottes?
- In welchem Zusammenhang stehen Gewissen und Wahrheit? Untersuchen Sie kritisch, ob die Rolle des Gewissens als „heimlicher Racheengel" hier nicht zu negativ gesehen wird? Sammeln Sie Argumente für eine positive, Orientierung gebende Funktion des Gewissens (vgl. Kapitel 9).

T9
- Erläutern Sie, welche konkrete Bedeutung die Gewissensfreiheit in unserer Gesellschaft hat (siehe S. 23, T6) und wer sich in welchen Situationen darauf berufen kann.
- Worauf ein Mensch sich verpflichtet, ist „seine Sache". Legen Sie dar, welche Missverständnisse dieser Satz auslösen könnte. Korrigieren Sie diese dadurch, dass Sie Freiheit und Verpflichtung des Christen anhand der Kernsätze von Luthers Freiheitsschrift erklären (S. 128, T8).
- Gewissen als Identitätskompass und Wächter über die Einheit und das Heil-Sein der Person steht dem Gewissen als inneres Organ für sozial angemessenes Handeln gegenüber. Legen Sie dar, was „Gewissenlosigkeit" im einen und im anderen Fall zur Folge haben müsste.

Fachbegriffe

Fügen Sie in Ihr Fachbegriffe-Verzeichnis ein:

- ▶ Wahrheit
- ▶ Weiße/schwarze Lüge
- ▶ Gewissensfreiheit

Kompetenzen

Ich kann

- das Gegensatzpaar „Wahrheit" und „Lüge" aus eigener Anschauung beschreiben und sowohl gesellschaftliche Wertvorstellungen als auch philosophische und religiöse Thesen dazu diskutieren

- in der Frage der Wahrheit elementare Regeln ethischer Urteilsbildung anwenden und zu begründeten Urteilen kommen

- psychologische und theologische Gründe für die Lebenslügen der Menschen anführen

- die christliche Auffassung von der (Selbst-)Erkenntnis der Wahrheit im Gericht erklären und mit einer psychologischen Sicht vergleichen

- die Rolle des Gewissens für das Handeln und für die Einheit der Person darlegen und voneinander unterscheiden (**Grundwissen**)

Tanzender Shiva: Einer der drei wichtigsten hinduistischen Götter (neben Brahma und Vishnu)
hier als „Nataraja" dargestellt, der auf dem Dämon der Unwissenheit tanzt, dabei das Universum zerstört (Flammen)
und neu erschafft (Hände).

Der ferne Osten – ganz nah

Yoga in Deutschland – Werbung

 T1

Der Mensch hat Lebenskräfte zur Verfügung, von deren Macht und Anwendungsmöglichkeiten er oft nur eine Ahnung hat, obwohl sie eine Realität sind, die jeder an sich selbst erleben und erfahren kann.
Eine helfende Anleitung ist notwendig, um eine wirklichkeitsnahe innere Haltung und Lebensführung zu lernen, die dahin zielt, dass der Mensch die Lebens- und Daseinsprobleme bewältigen kann. 5

Kriya-Yoga bietet hierfür ein ganzheitliches System, das auf dem uralten, jahrtausendelangen Erfahrungsschatz der Yogis gründet. *Kriya-Yoga* ist überkonfessioneller klassischer Yoga. Kriya heißt „tun". So bedeutet *Kriya-Yoga* „Yoga des Tuns" und beinhaltet alles, um ein gesundes, 10 erfülltes und verantwortungsbewusstes Leben zu führen. *Kriya-Yoga* ist nichts Neues und hat nichts mit dem New-Age zu tun. *Kriya-Yoga* ist tausende Jahre alt. Er ist die Essenz der verschiedenen Yoga-Arten und lehrt u. a. fortgeschrittene Meditationsmethoden sowie die höchsten Pranayama-Techniken, die Yoga zu bieten hat.*Kriya-Yoga* wird deshalb 15 immer vom Meister an den Schüler weitergegeben. Fortgeschrittenen-Yoga kann man nur persönlich und nicht aus Büchern lernen.

Das Ziel ist die positive Ausrichtung im Leben, das Wiederfinden der Einheit, die Entdeckung des SELBST.

Schlafende Seelenkräfte und Energien werden geweckt und beginnen frei 20 zu fließen. Methodisches und logisches Denken wird gefördert. Intellekt und Unterscheidungskraft werden geklärt und gesteigert. Unterbewusste

 Einflüsse, die möglicherweise Ihr Bewusstsein trüben oder zerstreut sein lassen, werden geschwächt und 25 beseitigt. Sie werden fähig sein, Ihre Aufmerksamkeit auf die vorrangigen Ziele zu richten, und diese Begeisterung wird die Triebkraft sein, die Sie auf Ihrem gewählten Lebensweg führt und hält. 30 Ihr Bewusstsein kehrt zu seinem natür-lichen, klaren Zustand zurück. Für Kriya-Yoga bedarf es keiner körperlichen Ge-lenkigkeit, so dass Sie auch in höherem Alter damit beginnen können. 35

Yoga – ein Meditationsweg für Christen?
von Reinhart Hummel

Seit über hundert Jahren muss sich der Westen mit den Folgen seiner eigenen kulturellen und religiösen Expansion auseinandersetzen. Er hat die Tore geöffnet, und seitdem strömt es nicht nur in andere Erdteile und Kulturen hinaus, sondern auch aus ihnen zu-
5 rück. Zu diesem Rückstrom, der teilweise auch eine „Rückmission" ist, gehören asiatische Meditationswege: Buddhistisches Zen, hinduistischer Yoga, taoistisches T'ai Chi und anderes mehr. Dieser Rückstrom bleibt nicht für sich, er verbindet sich mit säkularen und religiösen Strömungen des Westens. Die Wasser aus unter-
10 schiedlichen Quellen mischen sich, so dass nicht mehr klar zu bestimmen ist, was woher kommt. …

Das Thema „Yoga im Westen" signalisiert ein uraltes Problem, das bereits in der Bhagavadgita behandelt wird: Die Spannung zwischen meditativer Stille und aktivem Handeln. Diese Spannung wird
15 noch dadurch verschärft, dass Handeln den Menschen nach hinduistischer Auffassung in karmische Verstrickung führt. … Der indische Yoga ist kein Steinbruch zur allgemeinen Selbstbedienung, sondern steht im lebendigen Zusammenhang hinduistischen Lebens und Denkens. …
20 Das Instrumentarium des Yoga ist ungeheuer reichhaltig. Es hat Parallelen bei christlichen Mystikern, beim autogenen Training und bei Bandscheiben-Gymnastik. Es reicht in eine Zeit zurück, in der Heilsuche, seelische Hygiene und Medizin noch nicht säuberlich getrennt waren. Die Frage, ob man als Christ dafür oder dagegen
25 sein soll, provoziert automatisch die Rückfrage: für oder gegen welche Art von Yoga?

„Rückmission – Mission", S. 34

Das Zeichen stellt den Laut OM dar und steht oft auch als Symbol für Yoga. Das Aussprechen dieses Lautes (a-u-m) bildet die Erfahrung des Eins-Sein aller Gegensätze nach, wie sie in der Meditation erlebt werden kann.

Reinhart Hummel (1930–2007) deutscher Theologe, langjähriger Leiter der Evangelischen Zentralstelle für Weltanschauungsfragen.

149

Tat tvam asi

aus der Chandogya Upanischad VI

 T3

Sohn: „Ehrwürdiger, belehre mich."
Vater: „So sei es. Hier dieses Stück Salz lege ins Wasser und
          komme morgen wieder zu mir."

Der Sohn tat es.   5

Vater: „Bringe mir das Salz, das du gestern Abend ins Wasser
          gelegt hast."

Der Sohn tastete danach und fand es nicht, denn es war ganz zer-   10
gangen.

Vater: „Koste davon von dieser Seite! Wie schmeckt es?"
Sohn: „Salzig."
Vater: „Koste aus der Mitte. Wie schmeckt es?"   15
Sohn: „Salzig."
Vater: „Koste es von jener Seite. Wie schmeckt es?"
Sohn: „Salzig."
Vater: „Lass es stehen und setz' dich her!"

                                                                     20

Der Sohn tat es und sagte: „Es ist immer noch vorhanden."

Vater: „Fürwahr, so nimmst du auch das Seiende im Menschen
          nicht wahr und es ist doch in ihm. Was diese Feinheit ist,
          daraus besteht das Weltall, das ist das Wahre, das ist dein   25
          Ich, tat tvam asi, das bist du."

Das Ziel der Meditation

Sivananda Sarasvati

Meditiere von ganzem Herzen über OM und seine Bedeutung …
Wiederhole in Gedanken: OM! Identifiziere dich mit Atman.
Fühle: „Ich bin das alles durchdringende, unsterbliche Selbst … Ich
bin das reine Bewusstsein, unterschieden von Körper, Denken,
5 Kraft und Sinnesempfinden. Ich bin das aus sich selbst strahlende
Licht der Lichte. Ich bin die ewige, erhabene Seele."
   Wenn du dann Zufriedenheit, Hoffnungsfreudigkeit, Geduld und
Stille der Gedanken empfindest, wenn deine Stimme zart ist und
der Körper leicht, wenn du ohne Furcht und ohne Wunsch, ohne
10 Gefallen an den Dingen dieser Welt bist, dann sei dir bewusst, dass
du auf dem geistigen Pfad voranschreitest und dich Gott näherst.
   Du wirst vollkommene Erleuchtung erlangen: Der Vorhang des
Nichtwissens fällt, die Schleier zerreißen und die Ideen des Körperlichen schwinden. Du wirst die Bedeutung der großen heiligen
15 Formel erfassen: TAT TVAM ASI (Das bist du). Alle Verschieden-
heiten, Unterscheidungen und Eigenschaften sind aufgehoben,
überall wirst du nun den unendlichen, unbegrenzten Atman erbli-
cken voller Seligkeit, Licht und Weisheit, eine wahrhaft seltene Erfahrung. Sei beherzt, du bist allein mit dir; nichts siehst, nichts
20 hörst du mehr, denn die Sinne sind tot. Alles ist reines Bewusstsein.

Die Einheit allen Seins

Michael von Brück

Man stelle sich vor, man geht durch einen Wald und entdeckt Pilze. Der Unkundige sieht einzelne Pilze. Der eine ist groß, der andere ist klein, der eine ganz frisch, der andere schon von der Schnecke angefressen. Der Kundige weiß, der eigentliche Pilz ist das Myzel, das, was unter der Erdoberfläche ist. Was man sieht ist *ein* Pilz, der 5 verschiedene Fruchtkörper hat …

Die Pilze sind die verschiedenen Phänomene in der Welt, das Grundlegende ist aber das Myzel. Und wenn man das total verinnerlicht, dann ergibt sich daraus eine solidarische Lebenshaltung. Aber es ist nicht die Solidarität von Verschiedenen, sondern es ist 10 die Erkenntnis der Einheit des Seins. Diese Einsicht, so scheint mir, wird in einer Tiefenstruktur unsere Gesellschaften verändern. Und wir brauchen diese Einsicht, weil wir sonst die Kraft nicht aufbringen, um unseren Lebensstil tatsächlich zu verändern.

Die Welt fließt

von Rabindranath Tagore

Die Welt ist gleich einem Strom von Musik, ein beständiges Fließen von Kräften und Formen, und daher macht sie, von außen gesehen, den Eindruck der Vergänglichkeit. In ihrem beständigen Vergehen ist sie ein Bild des Todes. Aber nur die einzelnen Töne vergehen, die Melodie klingt ewig fort. Wenn die einzelnen Töne Anspruch auf ewige Dauer machen dürften, so müssten sie ihre wahre Ewigkeit verlieren, die sie in der Melodie finden.

Rabindranath Tagore (1861–1941), bengalischer Dichter, Philosoph und Musiker, 1913 Nobelpreis für Literatur.

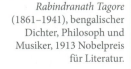

Die verborgene Macht

von Michel Piquemal

T7

Früher waren alle Menschen auch Götter. Doch sie gewöhnten sich daran, ihre große Macht zu missbrauchen. Da beschloss Brahma, der höchste Gott, ihnen ihre göttliche Macht zu nehmen. Er berief einen Götterrat ein, um über ein unauffindbares Versteck für die
5 Macht zu entscheiden. „Begraben wir doch die göttliche Macht der Menschen ganz tief in der Erde", schlugen sofort die jungen Götter vor.

Aber Brahma entgegnete: „Ich sehe, dass ihr die Neugier des Menschen nicht gut kennt! Er wird herumwühlen und graben, und
10 eines Tages wird er sie finden."

„Wenn das so ist, werfen wir sie doch in die Tiefen des Ozeans!"

„Ich kenne die Menschen nur zu gut", seufzte Brahma, „irgendwann werden sie den Meeresgrund erforschen und die göttliche Macht wieder an sich nehmen."
15 Da wussten die jungen Götter nicht weiter.

„Wo sollen wir sie denn nun verstecken? Wenn wir dir glauben, so gibt es wohl keinen Ort auf der Erde, im Himmel oder in den Tiefen des Ozeans, den die Menschen nicht eines Tages entdecken werden." Brahma dachte lange nach. Dann sagte er: „Lasst uns die
20 göttliche Macht im tiefsten Herzen der Menschen verstecken, denn das ist der einzige Ort, an dem sie sie nicht einmal im Traum suchen werden."

Und seit dieser Zeit ist der Mensch rund um die Welt gereist, hat gegraben, geforscht und den Meeresgrund erkundet, auf der Suche
25 nach etwas, das ganz tief in ihm selbst steckt.

Michel Piquemal (geb. 1954) ist ein französischer Autor.

Meditation

T8

Die Meditation ist der Weg nach innen.
Er geht aus vom groben Alltagsbewusstsein des Ich.
Er führt hinab zum feinstofflichen Ich unserer Träume.

Er erreicht das hauchzarte Ich des Tiefschlafs
und findet sein Ziel beim Atman, dem tiefsten
Grund unseres Seins.

Der Atman aber ist verbunden mit allen Wesen:
Er ist das eine: Brahman.

Atman und Karma

von Thomas Schweer

„Samsara", S. 116, 166

Der *Atman,* der nichtindividuelle Kern des Menschen, kehrt nur so lange in die Welt zurück, bis er seine Einheit mit dem Brahman erkannt hat. Der Kreislauf der Wiedergeburten *(Samsara)* setzt sich ununterbrochen fort, in welcher Form dies geschieht, ist abhängig vom *Karma* eines Menschen. (…) Gutes Verhalten erzeugt gutes 5 Karma, schlechtes Verhalten hat negative Folgen. Die Summe des angesammelten Karma bedingt die Umstände des jetzigen Lebens und entscheidet über die Existenzform im nächsten. (…)

Das Karma ist kein geistiges Produkt, sondern hat eine materielle Substanz, deren Beschaffenheit sich durch die Taten verändert. Es 10 wirkt automatisch nach seiner eigenen Gesetzmäßigkeit, die auch von den Göttern nicht beeinflusst werden kann. Nach dem Tod begleitet das Karma den Atman und ist verantwortlich für die Art der nächsten physischen Erscheinung. Nicht einmal die Götter sind frei von der zwingenden Kraft des Karma. Ihres unterscheidet sich 15 vom menschlichen nur durch seine Quantität und Qualität. Die Himmelswesen genießen die Früchte zahlreicher vergangener guter Taten, doch irgendwann müssen auch sie wieder in die Welt herabsteigen und eine irdische Gestalt annehmen.

„Philosophien des Todes", S. 98f.

Der Mensch besteht aus mehreren Schichten *(Kosha).* Beim Tod 20 zerfällt die grobe äußere Schicht, die feinstoffliche Hülle (die noch mehrfach unterteilt wird) bleibt erhalten und transportiert die psychischen und geistigen Eigenschaften, die Gedanken und Erinnerungen. Sie umschließt den Atman und wandert mit ihm und dem Karma von Leben zu Leben. Alle zusammen machen das aus, 25 was sich als „Seele" des Menschen bezeichnen lässt.

„Person", S. 115

Diese Vorstellung ist eine andere als die christliche, sie beinhaltet keine unverwechselbare Persönlichkeit. Bis auf den Atman besteht die Seele also aus verfeinerten Materieformen. Erst nach der Auflösung aller Hüllen, wenn nur mehr der sich seiner selbst bewusst 30 gewordene, unpersönliche Atman übrigbleibt, endet der Geburtenkreislauf *(Samsara).* Dann hört auch die Wirkungsmacht des Karma auf.

Thomas Schweer (geb. 1956), ist Religionswissenschaftler, Indologe und Ethnologe.

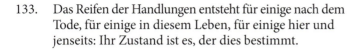

Lohn der Taten

aus dem Gesetzbuch des Jadnjawalkja

133. Das Reifen der Handlungen entsteht für einige nach dem Tode, für einige in diesem Leben, für einige hier und jenseits: Ihr Zustand ist es, der dies bestimmt.

T10

134. Wer auf die Güter anderer sinnt, wer auf schlechte Taten denkt, und wer der Unwahrheit nachhängt, der wird von einer Mutter der niedrigsten Kaste geboren.

135. Ein Mann, welcher Unwahres redet, andere verklagt oder beleidigt oder unsinnig schwätzt, wird von einem wilden Tiere oder Vogel geboren.

136. Wer gerne nimmt, was ihm nicht gegeben wird, wer fremden Frauen nachgeht, wer tötet, wo es nicht vorgeschrieben ist, der wird von unbeweglichen Wesen geboren.

137. Wer den Geist kennt, rein, bezähmt ist, Buße übt, die Sinne zügelt, Tugend ausübt, die Kenntnis des Veda besitzt, dieser mit der Qualität der Wahrheit Begabte wird als Gott geboren.

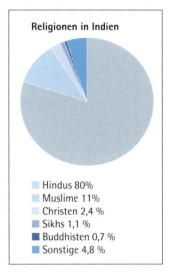

Religionen in Indien

■ Hindus 80%
■ Muslime 11%
■ Christen 2,4 %
■ Sikhs 1,1 %
■ Buddhisten 0,7 %
■ Sonstige 4,8 %

138. Wer an nicht guter Tätigkeit Freude hat, unbeständig ist, vieles beginnt, an den sinnlichen Gegenständen hängt, dieser mit der Qualität der Leidenschaft Begabte wird, wenn er gestorben ist, als Mensch wiedergeboren.

139. Der schläfrige, grausam handelnde, gierige, Gott leugnende, bettelnde, unbesonnene, verbotenem Wandel Ergebene, dieser mit der Qualität der Finsternis begabte (Mensch) wird als Tier wiedergeboren.

140. Wer so von Leidenschaft und Finsternis durchdrungen hier umherirrt, gelangt mit widerwärtigen Zuständen behaftet in den Kreislauf des Lebens. (…)

162. Denn wie der Schauspieler seinen Körper mit Farben bemalt und verschiedene Gestalten annimmt, so nimmt der Geist die aus seinen Taten entstehenden Körper an.

Götter, Kasten und heilige Kühe

T11

Seit der Antike galt Indien im Osten ebenso wie Palästina im Westen als Wiege der Religionen. Heute bekennt sich nach staatlichem Census die überwiegende Mehrheit der Bevölkerung zum Hinduismus, obwohl umstritten bleibt, ob diese Religion, die ihre Anhänger als „sanatana dharma", als ⁵ ewiges Lebensgesetz, bezeichnen, im westlichen Sinne eine einheitliche Religion darstellt oder eher als die traditionelle indische Lebensweise, Kultur und Zivilisation angesehen werden muss. Hindus verstehen sie als die alles umfassende Urreligion, die schon vor ₁₀ 10.000 Jahren, als von Koran und Bibel noch keine Rede war, bestanden hat und immer bleiben wird. Zu dieser „religiös geprägten Kultur" des Dharma gehören die unterschiedlichen Kasten ebenso wie die Verehrung der heiligen Kühe, das rituelle Bad im heiligen ₁₅ Fluss Ganges und die Opfer-Riten in den Tempeln der unzähligen Gottheiten. Für Europäer ergibt der Hinduismus ein verwirrend vielfältiges Bild mit unübersehbaren Widersprüchen. Die Buntheit dieser religiösen Landschaft ist der Toleranz und dem Ausgleich bis hin zur Vermischung verschiedenster Kulte von vornherein zugeneigt, auch wenn heute auf der politischen Bühne der Hindu-Nationalismus zu einer gefährlichen Blüte gekommen ist.

Die Hauptkasten Indiens

Brahmanen (Priester)

Krieger, Adel

Kaufleute, Landbesitzer

Handwerker, Diener, Arbeiter

Parias: Kastenlose, Unberührbare

„Toleranz", S. 42

T12

Wer ist ein Hindu?
Mahatma Gandhi

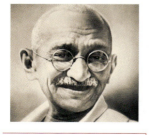

Mahatma Gandhi (1869–1948), indischer Rechtsanwalt und geistiger Führer der Unabhängigkeitsbewegung.

Meiner Meinung nach ist jeder ein Hindu, der in einer hinduistischen Familie in Indien geboren wurde, der die Veden, die Upanischaden und die Puranas als heilige Bücher akzeptiert; der an die fünf Gebote von Wahrheit, Gewaltlosigkeit, Ehrlichkeit, Enthaltsamkeit, und Selbstbeherrschung glaubt; der an ein Selbst (Atman) ⁵ und ein höheres Selbst (Brahman) glaubt und außerdem glaubt, dass das Selbst nie geboren wird und nie stirbt, sondern durch Inkarnation in einem Körper von Leben zu Leben wandert und Befreiung erlangen kann; der an die Gesellschaftsordnung von Kasten und Lebensstadien glaubt und an den Schutz der Kuh, die für die ₁₀ ganze nichtmenschliche Schöpfung steht.

Aufgaben

Abbildungen haben keine eigene Nummerierung; sie werden in die Zusammenhänge der Aufgaben zum Text (T1 …) eingebettet.

T1 – Untersuchen Sie den Werbetext zum Kriya-Yoga kritisch und stellen Sie Vergleiche zu Versprechungen von Sekten an. Aktivieren Sie dazu Ihr **Grundwissen** über neureligiöse Bewegungen und deren Vorgehensweise.
– Fernöstliche Religionen in unserer Lebenswelt: Buddhastatuen als Wohnzimmer-Schmuck, Yoga-Kurse an der Volkshochschule: Sammeln Sie während der Arbeit an diesem und dem nächsten Kapitel alles, was Ihnen hierzu auffällt. Tragen Sie es in einer Abschlussstunde zusammen.

T2 – In allen fernöstlichen Religionen spielt die Meditation eine große Rolle. Recherchieren und berichten Sie, was unter Meditation heute alles verstanden wird und welche Wirkungen man sich davon verspricht.
– Stellen Sie Kriterien auf, die es Christen ermöglichen zu entscheiden, ob ein Meditations- oder Yoga-Angebot mit ihrem Glauben vereinbar ist.

T3 – Entwickeln Sie weitere Tat-tvam-asi-Dialoge mit anderen Beispielen.

T4 – Halten Sie fest, auf welchem Weg die Erleuchtung angestrebt wird, welche Erkenntnis sich einstellt und in welche Stimmung der Meditierende versetzt wird.

T5 – Entfalten Sie, welche Folgerung für das Verhalten sich aus dem Glauben ergeben müsste, dass alle Lebewesen im Grunde identisch sind.
– Diskutieren Sie: Ist der Hindu-Glaube eine „ökologische Religion", weil er keine Trennung von Mensch, Tier und Natur zulässt?
– Untersuchen Sie, in welchen Texten des Kapitels 11 das Einheitsbewusstsein aller Kreaturen zum Ausdruck kommt. Schreiben Sie die Belegstellen heraus.

– Entwickeln Sie Ideen, wie religiöse Riten und Symbole aussehen können, die diesen gedanklichen Inhalt festhalten.

T6 – Würde sich das Tagore-Zitat Ihrer Meinung nach als Spruch für eine Trauerrede oder Todesanzeige eignen?
– Prüfen Sie, was die beiden Texte (T5 und T6) miteinander verbindet.

T7 – „Die Religion ist die Suche nach Gott. Der Hindu-Glaube beschreitet dabei den Weg nach innen, die westlichen Religionen nach außen."
Prüfen Sie die Berechtigung dieses verallgemeinernden Urteils. Prüfen Sie auch den verwendeten Religionsbegriff.

T8 – Atman und Brahman verhalten sich wie Mensch und Gott … wie Lebewesen und Natur … wie Seele und Universum … wie das Einzelne und das Ganze?
Versuchen Sie das Verhältnis der beiden Begriffe mit Vergleichen einzugrenzen.
– Aktivieren Sie ihr **Grundwissen** über die Kennzeichen des christlichen Schöpfungsglaubens und arbeiten Sie Übereinstimmungen und Unverträglichkeiten heraus.

T9 – Versuchen Sie die treffendste Übersetzung für Atman zu finden, indem Sie definieren
T10 und unterscheiden: Was ist Seele, Ich, Selbst, Identität, Personkern, Lebenskraft etc.?
– „Karma ist ein anderer Ausdruck für das Gericht."
Erörtern Sie diese These und vergleichen Sie die christliche Vorstellung vom Gericht Gottes über die Seele mit dem Karma-Gedanken.
– Was passiert beim Tod eines Menschen? Tragen Sie die unterschiedlichen Meinungen zu dieser Frage aus philosophischen und religiösen Lehren zusammen und vergleichen Sie.
– Was passiert bei der Geburt eines Menschen? Erläutern Sie die Hindu-Vorstellung, die hinter dem Begriff „Samsara" steckt (vgl. T10, S. 116).

T11 – Sammeln Sie Argumente zu der Frage, ob der „Sanatana Dharma" eine Religion ist. Prüfen Sie dafür alle Informationen dieses Kapitels.

T12 – Arbeiten Sie heraus, welcher Begriff von Religion Gandhi vorschwebt.
■ Erarbeiten Sie ein Kurzreferat über Mahatma Gandhi als bekanntesten Vertreter des Hindu-Glaubens.

Fachbegriffe

Fügen Sie in Ihr Fachbegriffe-Verzeichnis ein:

► Atman
► Brahman
► Yoga
► Meditation
► Karma

Kompetenzen

Ich kann

■ erklären, welche aktuellen Interessen fernöstliche Religionen und Praktiken in Deutschland attraktiv machen

■ die Grundvorstellungen von Atman und Brahman erklären und zu christlichen Begriffen in Beziehung setzen

■ das Karma-Gesetz erläutern und seine Erklärungskraft beurteilen (**Grundwissen**)

■ Vergleiche zwischen dem christlichen Verständnis von individuellem Tod und Gericht und den fernöstlichen Vorstellungsweisen anstellen

Das Leben des Buddha

von Adelheid Herrmann-Pfandt

Nach neueren Forschungen lebte Gautama etwa vom 5. bis 4. Jahr-hundert vor Christus und nicht, wie früher angenommen, etwa hundert Jahre vorher. Geboren wurde er in Lumbini (im heutigen Südnepal) als einziger Sohn des Lokalfürsten Shuddhodana. Eine Woche nach seiner Geburt starb seine Mutter. Er wurde von einer 5 Tante aufgezogen, einer weiteren Frau seines Vaters. Mit Ende zwanzig heiratete er – auch wenn er weiterhin viele Konkubinen hatte – und wurde selber Vater eines Sohnes.

Gautama brillierte in allen für den künftigen Regenten notwendi-gen Künsten. Nur eines versuchte Shuddhodanas vor seinem Sohn 10 geheim zu halten: Er sollte nie mit Alter, Krankheit und Tod zu tun haben. Der Vater fürchtete, dass Gautama sonst auf die Thronfolge verzichten und Asket werden würde. Das war ihm bei dessen Ge-burt prophezeit worden.

Eines Tages jedoch, so erzählt die Überlieferung, entkam der 15 Prinz dem goldenen Käfig und fuhr spazieren. Dabei sah er der Reihe nach einen Kranken, einen Alten und einen Toten, der gerade zur Verbrennungsstätte getragen wurde. Von seinem Wa-genlenker musste er erfahren, dass das, was diesen passiert war, ebenso allen anderen Menschen widerfahren würde – auch ihm 20 selbst. Schließlich sah er auch noch einen Mönch und war von des-sen heiterer Ruhe tief beeindruckt. Bei seiner Rückkehr in den Pa-last stand sein Entschluss fest. Heimlich verließ er sein Zuhause – die Legende erzählt, dass Götter die Hufe seines Pferdes mit ihren Händen umschlossen, damit sie auf dem Schlosshof nicht klapper- 25 ten – und zog „in die Hauslosigkeit", wie man im Buddhismus sagt. In einiger Entfernung vom Palast schnitt er sich zum Zeichen dafür, dass er als bedürfnisloser Asket leben wollte, die Haare ab (bis heute scheren sich buddhistische Nonnen und Mönche das Haar) und schickte seinen Diener mit dem Pferd in sein Vaterhaus 30 zurück.

Sechs Jahre lang widmete er sich der Suche nach Befreiung von Alter, Krankheit und Tod. Er lernte bei mehreren religiösen Lehrern, jedoch befriedigte ihn das Gehörte nicht. Er fastete streng, aß fast gar nichts mehr und wurde immer schwächer. Eine Antwort auf 35 die Frage, die ihn quälte, fand er hingegen nicht. Als ihm daher eine Frau ein Reisgericht als Almosen brachte, aß er sich seit Lan-gem wieder einmal satt. Das kostete ihn einige Bewunderer, die glaubten, er sei vom rechten Wege abgewichen und ergebe sich nunmehr der Völlerei, aber es war die sinnvolle Konsequenz aus 40 seiner bisherigen Erfahrung. Nach dem Essen setzte er sich unter

Adelheid Herrmann-Pfandt (geb. 1955) ist Professorin für Religionswissenschaft an der Universität Marburg.

160

einen Baum, entschlossen, nicht aufzugeben, bis er am Ziel war. Er begann, intensiv zu meditieren. Und in einer denkwürdigen
45 Nacht geschah es: Er verstand plötzlich die Zusammenhänge zwischen Alter, Krankheit, Tod und Leiden und sah den Weg zur Befreiung vor sich. Er erkannte, dass das Leiden an der Existenz – nicht nur am kör
50 perlichen Verfall, sondern auch am „Vereintsein mit Unliebem" und am „Getrenntsein von Liebem" – im Leben in der Welt unvermeidbar war, dass es einen Grund für das Leiden gab, nämlich das Begehren, dass
55 die Überwindung des Begehrens zum Ende des Leidens führte und dass dafür ein „edler achtfacher Pfad" gegangen werden musste, dessen acht Glieder die Rubriken „Erkenntnis", „richtige Lebensführung" und „Meditati
60 on" umfassten.

Diese „vier edlen Wahrheiten", die er in jener Erleuchtungsnacht erkannte und deren Erkenntnis ihn zum Buddha, zum „Erwachten", machte, bilden bis heute die Grundlage jeder buddhistischen Lehre und Praxis. Der Baum, unter dem Gautama seine Erleuch
65 tungserfahrung machte, genau genommen ein Nachkomme dieses Baumes, steht bis heute in Bodh Gaya neben dem Tempel, der über seinem Meditationsplatz errichtet wurde.

Als der Morgen anbrach, überkam den nunmehrigen Buddha die Versuchung, gleich ins Nirwana, den buddhistischen Heilszustand
70 jenseits der Welt, einzugehen. Aber Brahma und Indra, zwei indische Götter, baten ihn, die Welt nicht zu verlassen, sondern zu lehren. Seine erste Predigt hielt er vor nur wenigen Anhängern im Gazellenhain von Sarnath, nördlich von Varanasi, der heiligen Stadt der Hindus. Zwei Gazellen und ein Rad der Lehre erinnern über
75 dem Eingang jedes buddhistischen Tempels an jene erste Lehrpredigt. Der Buddha gründete den Mönchs- und den Nonnenorden und zog noch weitere fünfundvierzig Jahre lehrend durch Nordostindien. Achtzigjährig starb er schließlich in Kushinagara und ging nach buddhistischem Glauben sofort ins Nirwana ein.

Die vier edlen Wahrheiten

Die erste Wahrheit lautet: Leben ist Leiden.

Die zweite Wahrheit lautet:
Das Leiden entsteht durch den Lebensdurst.

Die dritte Wahrheit lautet:
Die Ursache des Leidens kann beseitigt werden.

Die vierte Wahrheit lautet: Wer das Leid überwinden
will, begibt sich auf den *achtfachen Pfad.*

Der achtfache Pfad

aus den vier edlen Weisheiten des Buddha

Vollkommene Erkenntnis – die Erkenntnis der buddhistischen
Vier Wahrheiten, dass eine Seele nicht mein und, was entsteht und
vergeht, nur leidhaft ist.

Vollkommener Entschluss – der Entschluss zur Entsagung, zum
Wohlwollen und zur Nichtschädigung von Lebewesen.

Vollkommene Rede – solche, die nicht aus Lüge, Klatsch,
Schmähung und Geschwätz besteht.

Vollkommenes Handeln – nicht töten, nicht stehlen und nicht
ausschweifend sexuell leben.

Vollkommener Lebenserwerb – einem Broterwerb nachgehen,
der anderen kein Leid verursacht.

Vollkommene Anstrengung – die Bemühung zur Abwehr
unheilsamer und zur Erzeugung heilsamer Geistesinhalte.

Vollkommene Achtsamkeit – alle Verrichtungen und alle Abläufe
ins volle Licht des Bewusstseins zu heben.

Vollkommene Sammlung – vollkommene Meditation.

Dasein im Gleichnis

Der Verfolgte über dem Abgrund

Ein Mann wird von einem wütenden Elefanten verfolgt und stürzt sich verzweifelt in einen Abgrund. Im Fallen greift er nach einer dünnen Wurzel, an der er sich für den Augenblick festhalten kann. Er blickt zum Grund der Schlucht hinab und sieht dort zwei Giftschlangen, die auf ihn warten. An der Wurzel, an der er hängt, nagen zwei emsige Mäuslein. Da tropfen aus einem Bienenstock über seinem Kopf ein paar Tröpfchen Honig heraus und er leckt begierig danach.

Der Elefant ist der Tod, die Schlangen sind Alter und Krankheit und die beiden Mäuse heißen Tag und Nacht. Der Honig, das sind die Freuden des Lebens, an die sich der Mensch in seiner Verblendung klammert.

Der Hahn, die Schlange und das Schwein

In buddhistischen Meditationsbildern bilden diese drei Tiere oft den Mittelpunkt. Das Schwein steht für die Unwissenheit des Menschen, der sein Leben dahinlebt, ohne über die größeren Zusammenhänge aufgeklärt zu sein. Die Schlange steht für den Hass,
5 die negative Energie, mit der ein Mensch seine Ziele den anderen gegenüber verfolgt. Und der Hahn steht für die Begierde, das Verlangen nach Wollust und Besitz. Diese drei Kräfte bedingen die „Anhaftung" des Menschen an die Welt, die nur Leiden bringen kann. In dieser Situation muss der Mensch eine Entscheidung
10 fällen: Lässt er sich vom Teufel in die Hölle des Leidens hinabziehen oder erklimmt er unter Anleitung des Buddha den achtfachen Pfad zur Erlösung?

Die Natur der Wünsche
Dalai Lama

Ich glaube, was Verlangen angeht, muss man unterscheiden zwischen solchen Arten, die auf Unwissenheit basieren, und solchen, die mit Vernunft begründet sind. In der tibetischen Sprache gibt es einen Unterschied zwischen den Wörtern für „Wunsch" und für „Begier
5 de". ... Es gibt also keine allgemeine Ablehnung des Wunsches, eine Familie zu haben.

Achtsamkeit

Achtsamkeit heißt, im Augenblick zu leben, ohne ihn zu beurteilen, den Geist zu beruhigen, konzentriert zu handeln, nichts anderes erreichen zu wollen und unabhängig von allem zu sein.

Achtsam sein bedeutet, innere und äußere Vorgänge mit ungeteilter, aber entspannter Aufmerksamkeit zu beobachten und „das ganze Bild" aufzunehmen. Nötig sind:

Bewusstheit

Man soll sich nicht in einer Tätigkeit verlieren, sondern sich ständig von dem Bewusstsein begleiten lassen, etwas Bestimmtes zu tun.

Klarheit

Man soll sich nicht durch Grübeleien, Sorgen, Gefühle oder anderes stören und ablenken lassen, sondern ganz bei der jeweiligen Sache sein.

Unvoreingenommenheit

Man soll das Wahrgenommene, auch wenn es ganz gewöhnlich und bekannt erscheint, neu sehen, d. h. nicht auf Vorurteile, Gefühle oder Erfahrungen zurückgreifen.

Präsenz

Fordert die ganze Person. Es geht darum, ganz „da" zu sein.
Das wird unmöglich, wenn man versucht, mehrere Dinge gleichzeitig oder automatisiert zu erledigen, oder wenn man das Gefühl hat, etwas schon zu kennen.

Ahimsa und Metta

Das innere und äußere Verhalten des Menschen – Meditation und Sittlichkeit – sollen dazu beitragen, die Lebensgier und Anhaftung zu mildern, um das Herz leicht und glücklich zu machen. Die Ethik wird daher bestimmt von den beiden Prinzipien der vorsichtigen Zurück-
5 haltung, des Nicht-Verletzen-Wollens *(Ahimsa)* und dem freundlich milden Mitgefühl gegenüber jedem Lebewesen *(Metta)*.
    Die Grundhaltung ist eine pazifistische: Die Schädigung oder gar Tötung von anderen Lebewesen ist auf jeden Fall zu vermeiden. Jeder muss sich bemühen, sein Ich nicht in den Vordergrund zu spielen und
10 fremde Bereiche nicht mutwillig zu stören. Wer in Wut gerät, sich von aggressiven Emotionen mitreißen lässt, „verliert sein Gesicht".
    Die Überwindung eigener Hassgefühle macht hingegen frei und setzt den Menschen dazu instand, alle Wesen in ein positives Mitge-fühl einzuschließen. Eine zu starke gefühlsmäßige Bindung verwi-
15 ckelt aber wieder in Leidenschaft und Anhaftung.
    Der Dalai Lama fasst die ethische Grundhaltung des Buddhismus in zwei Sätzen zusammen:

> *„Ist es dir möglich, so hilf anderen. Ist es dir nicht*
> *möglich, so füge ihnen wenigstens keinen Schaden zu."*

Was wird aus Drachen und Fischen?
von Edward Conze

Auch gab es jenen chinesischen Abt, den man wegen eines Projekts zur Bekämpfung der Malaria um seine Meinung bat; der Plan sah unter anderem die Trockenlegung eines Teiches vor. Er verwarf ihn am Ende mit den Worten: „Aber was wird aus den Drachen und
5 Fischen?"
    Hier haben wir ein Paradebeispiel für *ahimsa,* „Gewaltlosigkeit", „Verzicht auf Verletzung anderer", „Nicht-Eingreifen". Den Durch-schnittseuropäer dürfte das allerdings kaum beeindrucken, teils weil er glaubt, dass es das gute Recht der Menschen sei, die Wünsche
10 von „Drachen und Fischen" zu missachten, von Fliegen und Mücken ganz zu schweigen, teils auch, weil er in seinem unersättlichen Ver-langen, anderen Gutes zu tun, nicht begreift, wieso die Buddhisten sich davor scheuen, in den durch das Karma der beteiligten Ge-schöpfe festgelegten Lauf der Dinge einzugreifen.

Edward Conze (1904–1979),
englischer Philologe
und Buddhismuskundler.

165

Kein Glaubenssystem

von Adelheid Herrmann-Pfandt

Eine zentrale Lehre des Buddha ist die sogenannte Ichlosigkeit, das Nichtvorhandensein einer „inhärenten Eigenexistenz" der Dinge, Personen und Phänomene; … Er lehrte, dass es ein in sich konsistentes kontinuierliches Ich nicht gebe, sondern nur eine Abfolge von Einzelzuständen, die sich kausal auseinander entwickelten, aber einer ständigen Veränderung unterworfen seien. 5

„Atman/Brahman", S. 154, 156

Mit der Nicht-Ich-Lehre setzte sich der Buddha auch von der Atman-Lehre der hinduistischen Upanishaden (ab etwa 800 vor Christus) ab, die einen ewigen Kern im Menschen, den „Atman" (= Selbst), lehren und in dessen Verschmelzung mit der Weltseele Brahman das Ziel des Lebens sehen. Nach Auffassung des Buddha gibt es einen solchen ewigen Kern nicht, ewig sind nur die Veränderung und die Kausalität. … 10

„Bestandteil des Weges", S. 116

Der Glücksbuddha ist eine weit verbreitete Gestalt der Volksfrömmigkeit, die einen stets gut gelaunten, dickbäuchigen Wandermönch zeigt, der trotz Besitzlosigkeit durch seine Selbstgenügsamkeit und optimistische Grundeinstellung zu vollendeter Lebenszufriedenheit gelangt. Es bringt Glück, wenn man ihm über den Bauch streicht.

Ein Aspekt des Buddhismus, der im Westen immer wieder zu Irritationen geführt hat, ist die Ablehnung des Glaubens an einen Schöpfergott, die sich letztlich aus der erwähnten Nicht-Ich-Lehre ergibt. Buddhisten glauben an die kausale Entwicklung der Welt und meist auch an die Wiedergeburt in eine neue Existenz nach dem Tod, wobei die näheren Umstände einer Wiedergeburt davon bestimmt sind, was man in vergangenen Leben an Gutem und Bösem getan hat … Buddhisten glauben nicht, dass ein höchstes Wesen die Welt erschaffen hat und die Geschichte lenkt, deren Dynamik vielmehr allein aus der Kausalität erklärbar ist. Alles Geformte ist nach buddhistischer Auffassung irgendwann entstanden und alles Entstandene wird auch wieder vergehen, sogar die Lehre des Buddha … Diese Nichtverabsolutierung selbst der buddhistischen Lehre hat eine Folge, die für uns Heutige besonders bedeutsam scheint: das fast völlige Fehlen religiösen Eifertums im Buddhismus (Ausnahmen bestätigen die Regel). Mit Menschen, die etwas ganz anderes glauben als sie selbst, können Buddhisten gelassen umgehen, weil sie wissen, dass es die Praxis ist, die zählt, nicht ein bestimmter Glaubenskult oder eine festgelegte Theologoie. 15 20 25 30 35 40

Nirwana ist nicht „Nichts"

von Hans-Jürgen Greschat

Verlöschen. So nennen Buddhisten ihr Heilsziel und sie denken dabei an ein Licht, das verlischt, weil sein Brennstoff ganz und gar aufgezehrt wurde. Im Gleichnis meint das Licht das Unheil und der Brennstoff steht für die Gier. Verlischt eines Menschen Gier,
5 dann geht auch das Leiden für ihn aus. Wer eine Sache nicht mehr begehrt, wer nicht mehr an ihr hängt, der will sie auch nicht an sich bringen oder als seinen Besitz verteidigen. (…)

Der Begriff „Verlöschen" malt sehr anschaulich ein Bild, das jeder einsehen kann. Andererseits führt er aber auch leicht in die Irre,
10 denn was verlöscht, ist ausgelöscht, damit ist es aus und vorbei. So kommt es, dass man hin und wieder der Ansicht begegnet, Heilsziel der Buddhisten oder wenigstens einiger unter ihnen sei „das Nichts". Diese Schlussfolgerung ist falsch. (…) Was also ist es? Buddhisten sagen, es sei „Kühle", denn was zuvor in ihnen glühte und lohte, die
15 Gier, der Hass, die Verblendung, das wurde ausgelöscht. Sie sagen, es sei „Freiheit", wenn sie an die Fesseln denken, die sie dann nicht mehr an das Rad der Wiedergeburt ketten. (…) Verlöschen, Kühle, Freiheit, Leerheit und wie immer sonst Buddhisten das Heil nennen mögen, es macht den Erlösten glückselig. (…)
20 Menschen ertragen ihr Leben, weil jede Qual wieder endet, weil die Glut ihrer Leiden immer wieder von der Kühle der Schmerzlosigkeit abgelöst wird. (…) Glückserfahrungen können einen unversehens überkommen: in einer friedlichen Stimmung, in einer friedlichen Umgebung, unter friedlichen Menschen. Buddhisten
25 lernen, wie sie durch Konzentration und Meditation kühl werden, wann immer sie es wollen. Die unvermittelte und die durch Übung herbeigeführte Erfahrung des Verlöschens hängen noch von äußeren Umständen ab und jedes Mal enden sie wieder.

Der Mensch kostet von der Erlösung, zufällig oder regelmäßig,
30 aber er geht noch nicht in ihr auf. Das tut erst der Heilige. Er hat alle Fesseln zerrissen, Kühle wurde ihm zur Natur, die Glückseligkeit des Verlöschens verlässt ihn nicht mehr und wenn er stirbt, dann wird er an nichts in der Welt der Wiedergeburten haften bleiben.

Hans-Jürgen Greschat, emeritierter evangelischer Professor für Religionsgeschichte.

Buddha und Christus

Buddhas Gespräch mit seinem Schüler Purna
von Jörg Zink

Buddha: Die Leute von Sronaparanta sind wild, gewalttätig und grausam. Es liegt in ihrem Charakter, sich gegenseitig zu beschimpfen, zu verleumden und andere Menschen zu belästigen. Wenn sie dich mit bösen, groben und unwahren Worten beschimpfen, verleumden und belästigen, was würdest du denken? 5

Purna: In diesem Fall würde ich denken, dass die Leute von Sronaparanta in Wahrheit gute und freundliche Menschen seien, da sie mich nicht schlagen noch mit Steinen werfen.

Buddha: Wenn sie dich aber schlagen und mit Steinen werfen, 10 was würdest du denken?

Purna: In diesem Fall würde ich denken, dass sie gute und freundliche Menschen seien, da sie mir nicht mit einem Knotenstock oder einer Waffe zu Leibe gehen.

Buddha: Wenn sie dir aber mit einem Knotenstock oder einer Waffe 15 zu Leibe gehen, was würdest du denken?

Purna: In diesem Fall würde ich denken, dass sie gute und freundliche Menschen seien, da sie mir nicht das Leben nehmen.

Buddha: Wenn sie dich aber töten, Purna, was würdest du denken? 20

Purna: In diesem Fall würde ich immer noch denken, dass sie gute und freundliche Menschen seien, da sie mich ohne große Umstände aus diesem verdorbenen Leichnam, diesem Körper befreien.

Buddha: Purna, du bist begabt mit der größten Sanftheit und der 25 größten Langmut. Du kannst in diesem Lande der Sronaparantas leben und bleiben. Geh hin und lehre sie, frei zu sein, wie du selbst frei bist.

Jörg Zink (geb. 1922), deutscher Theologe, Pfarrer und Publizist.

Geschichte des Buddhismus

Verbreitung

Der Buddhismus entstand als Mönchsbewegung im Indien des 4. Jahrhunderts. Im dritten Jahrhundert vor Christus wurde der buddhistische Weg von dem indischen Großkönig Ashoka (268–234 v. Chr.) gefördert
5 und zur Staatsreligion erhoben. Aus seinem Reich wanderten buddhistische Missionare nach Südindien und Ceylon ebenso wie nach China, Südostasien und schließlich auch nach Japan.

Der über lange Zeit einflussreiche Buddhismus Indiens wurde in der Konfrontation mit dem aus Westen vordringenden Islam und der sich
10 reformierenden Hindu-Religion zerrieben und spielt in seinem Stammland heute nur noch eine untergeordnete Rolle.

Die weltweit einflussreichsten Zentren des Buddhismus befinden sich heute in Tibet (Lamaismus) und in Japan (Zen-Buddhismus).

Spaltung

Schon bald nach dem Tod des Buddha hatte sich die Spaltung des Buddhismus angebahnt. Der Buddhismus in den südlichen Ländern bezeichnet sich selbst als die Urform, als Therawada („der Weg der
5 Alten"). In dieser Ausprägung ist der Buddhismus eine reine Mönchsreligion geblieben, der es um die strenge Bewahrung der Tradition und den nüchternen klösterlichen Alltag geht.

Die andere Form buddhistischer Lehre hat sich in der Auseinandersetzung mit der philosophischen, weisheitlichen und kulturellen Tra-
10 ditionen Chinas und Japans entwickelt und dabei den Bestand der ursprünglichen heiligen Texte deutlich erweitert. Sie wird als die Lehre des „Großen Fahrzeugs" (Mahayana) bezeichnet, denn ihr Interesse geht über das mönchische Leben hinaus hin zu einer Volksreligion. Charakteristisch ist die Lehre von den Bodhisattwas: erlösten Wesen,
15 die freiwillig in die Körperwelt zurückkehren, um anderen auf dem Weg der Erleuchtung zu helfen und die von den Gläubigen auf vielfältige Weise verehrt und angerufen werden können.

Buddhismus – heute

Der Buddhismus wird heute zu den fünf großen Weltreligionen gerechnet. Das buddhistische Denken hat sich in den letzten Jahrzehnten über die reine Zahl der Anhänger weit hinausgehend als einflussreich
5 in Nord-Amerika und Europa erwiesen, wo viele buddhistische Zentren entstanden sind.

Die Länder mit den höchsten Bevölkerungsanteilen an Buddhisten sind China, Bhutan, Japan, Kambodscha, Laos, Mongolei, Myanmar, Sri Lanka, Südkorea, Taiwan, Thailand, Tibet und Vietnam. Insgesamt
10 wird die Zahl der Anhänger auf ca. 450 Millionen geschätzt.

Buddhisten in Deutschland

 T14

Bobby ist 35 Jahre alt, verheiratet mit einem Deutschen und kam als 7-Jährige von Laos hierher. Sie arbeitet im Travelmanagement der SAP.

„Religiöse Sozialisation", S. 10 ⟳

Wir werden in den Buddhismus hineingeboren, weil unsere Eltern   5
Buddhisten sind. Für uns ist das so normal, wie für einen Fisch das
Wasser ist. Es ist unsere Kultur. Der Ajahn (Ajahn Outhai Dham-
miko, der Mönch, der im Wat lebt und es leitet), drückt es gerne so
aus: „Wenn du einen Fisch fragst, warum er im Wasser ist, versteht
er nicht, was du meinst. Erst wenn du ein Vogel bist und ins Wasser   10
willst, musst du dich fragen, wie du in dem Wasser leben willst."

Ich finde, das umschreibt es sehr gut. Als Kinder sind wir dem
Beispiel unserer Eltern gefolgt und mit ihnen in die Pagode gegangen, um an Zeremonien teilzunehmen. Ich zum Beispiel bin in der
Schule erst in den katholischen Religionsunterricht gegangen,   15
dann in den evangelischen. Je nachdem, wo ich mehr Freundinnen
hatte. Erst seit ich Sascha, meinen Mann, kenne, der praktizieren-
der Buddhist ist und sich daher auch intensiv mit dem Thema aus-
einandersetzt, beschäftige ich mich eingehender mit dem Buddhismus und erlebe mittlerweile auch die positiven Einflüsse, die eine   20
stete buddhistische Praxis und Meditation mit sich bringen.

Ich denke, es ist wie bei den Christen, die in ihre Religion hineingeboren werden. Wenn man sich nicht aktiv mit dem Thema ausein-
andersetzt, weiß man auch
nicht viel darüber und kann   25
dementsprechend wenig
damit anfangen. Religion
hat oberflächlich betrachtet sehr viel mit Kultur zu
tun und ist erst einmal   30
kaum davon zu trennen.

Sengsourichith ist 55 Jahre, er ist der Vater von Bobby. Er lebt in Alt-
lußheim und arbeitet als Industriemechaniker.

Ich habe fünf Kinder, die habe ich natürlich buddhistisch erzogen.
5 Meine Frau und ich, wir haben sie in die Pagode mitgenommen, da
haben sie das alles mitbekommen, und wenn ein Kind gefragt hat,
was etwas bedeutet oder wer der Buddha ist, dann wurde das geklärt. Bei uns wird am Morgen oder am Abend meditiert oder auch
nicht, je nachdem, ob wir Zeit haben. Im obersten Zimmer unseres
10 Hauses haben wir einen Altar, der sollte an der höchsten Stelle un-
tergebracht sein, deshalb ist er bei uns im Speicher, den haben wir
ausgebaut. Mit den Kindern haben wir, als sie klein waren, ein
Buch gelesen, das über das Leben des Buddha ging. Auf laotisch
natürlich, meine Frau und ich können nicht gut deutsch.
15 Wenn eines unserer Kinder zum Beispiel christlich werden
würde, dann wäre das kein Problem. Wissen Sie, der Buddhismus
ist nicht so streng, er ist sehr offen. Du tust das, was du meinst, dass
es das Beste für dich ist. Ich zum Beispiel bin mit dem Buddhismus
sehr zufrieden und glücklich.
20 Wenn du im Sinne der buddhistischen Tugendregeln gut gelebt
und viel Gutes getan hast, dann ist es sehr gut für dich, wenn nicht,
dann ist das nicht gut für dich, ganz im Sinne des Gesetzes vom
Karma. Also versuche ich doch, so gut es geht zu leben und viel
Gutes zu tun. Aber es ist meine Entscheidung und liegt in meiner
25 Verantwortung. Ich tue es nicht, weil es ein Gott von mir will, verstehen Sie?

Sollten alle Menschen Buddhisten werden?

vom Dalai Lama

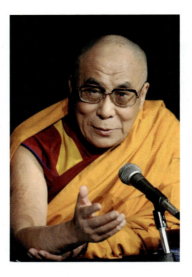

 T15

Und wenn Sie mich persönlich fragen würden, welche Religion für mich persönlich die beste ist, würde ich ohne zu zögern antworten: „Der Buddhismus!" Aber das heißt nicht, dass es für jeden anderen auch die beste ist – ganz sicher nicht. (…)

Es geht nicht darum, ob wir die philosophischen Anschauungen 5 anderer Religionen persönlich mögen oder nicht. Für einen Nicht-Buddhisten mag die Vorstellung von nachfolgenden Existenzen und einem Zustand, der Nirwana genannt wird, vielleicht absurd klingen; Buddhisten wiederum erscheint die Idee von einem Schöpfergott unlogisch. 10

All das ist jedoch im Grunde genommen unwichtig, denn in Wirklichkeit geht es darum, dass ein Mensch mit negativen Eigenschaften durch die Herangehensweise dieser unterschiedlichen Traditionen und Systeme zu einem guten, positiven Menschen werden kann. 15

Dalai Lama (geb. 1935), höchster buddhistischer Meister, der als 14. Reinkarnation des Dalai Lama gilt.

Aufgaben

Abbildungen haben keine eigene Nummerierung; sie werden in die Zusammenhänge der Aufgaben zum Text (T1 …) eingebettet.

– Betrachten Sie die Buddhafigur der Startseite und schreiben Sie auf einen Zettel je drei Substantive, Verben und Adjektive sowie eine Farbe, die zu dieser Statue passen. Vergleichen Sie Ihre Ergebnisse und kommen Sie zu einer Einschätzung, welche Assoziationen der Buddhismus bei uns in Deutschland auslöst.

– Stellen Sie dann mögliche Assoziationen zum Thema „Islam" gegenüber. Suchen Sie nach Gründen für Unterschiede in der Bewertung.

T1 – Im Film *Little Buddha* sind die hier nacherzählten Szenen aus dem Leben des Buddha in die Handlung eingebaut. Schauen Sie den Film oder Ausschnitte an, wenn Sie die Möglichkeit dazu haben.

– Vergleichen Sie Sequenzen über das Leben des Buddha mit einem Jesusfilm. Versuchen Sie Parallelisierungen wie Geburtslegende, Kindheitsgeschichten, Erleuchtungs- oder Berufungserlebnis etc. Siddartha Gautama, genannt „Buddha", starb in hohem Alter an einer Lebensmittelvergiftung.

– Aktivieren Sie ihr **Grundwissen** über die Bedeutung des Kreuzes für den christlichen Glauben und stellen Sie dann Vergleiche darüber an, welche Bedeutung die Gestalt des Gründers für das Christentum und den Buddhismus hat.

T2 – Die Palastmauer trennt zwei Lebensräume. Beschreiben Sie diese und diskutieren Sie: Ist die erste der edlen Wahrheiten nur „pessimistisch"?

T3

T4 – Leiden ist Unglück, Pech, Schicksal, Prüfung? Vergleichen Sie Ihnen bekannte Deutungen der Ursachen menschlichen Leids mit der buddhistischen Auffassung der zweiten edlen Wahrheit.

T5 – Versuchen Sie die drei „Rubriken" aus T1 in T3 wiederzuerkennen und zuzuordnen.

– Schädliche Anhaftung vermeidet, wer nur

T6 vernünftigen Wünschen nachgeht: Prüfen Sie, wie diese Weisheit des Dalai Lama (besonders auf dem Gebiet „Partnerwahl und Familiengründung") zum westlichen Lebensstil passt.

T7 – Entwickeln Sie eine Achtsamkeitsübung an einem alltäglichen Vorgang (Warten auf den Bus, Essenkochen, den Computer einschalten etc.) Halten Sie fest, welche Komponenten Ihres „normalen" Verhaltens Sie dazu ändern müssen und welche Beobachtungen Sie dabei machen.

T8 – Jesus fasst den Willen Gottes im Doppelgebot der Liebe zusammen. Untersuchen Sie an **T9** konkreten ethischen Fragen (siehe auch Kapitel 9/10), ob das Doppelgebot von Ahimsa und Metta zu den gleichen Ergebnissen führt.

– Erörtern Sie, auf welche Seite T 12 gehört.

– In T9 scheinen die nicht-menschlichen „Geschöpfe" eine große Rolle zu spielen. Erklären Sie, wie sich diese Rücksichtnahme ohne Schöpfungsglauben (**Grundwissen**) rechtfertigen lässt.

T10 – Formulieren Sie die „Lehre von der Leere" (des Ich). Ziehen Sie dazu auch T10 aus Kapitel 8 (S. 116) mit heran.

– Im Westen wird mit fernöstlichen Religionen oft das Stichwort „Seelenwanderung" (Reinkarnation) verbunden. Klären Sie, mit welchem gedanklichen System (Hinduismus/ Buddhismus) sich diese Auffassung am ehesten verbinden ließe und welche Missverständnisse nahe liegen.

– Buddhismus – Religion ohne Gott? Erörtern Sie diese Problemstellung, indem Sie die unterschiedlichen Religionsbegriffe heranziehen (vgl. hierzu auch Kapitel 3).

T11 – Die Beschreibung der Heilsziele hängt davon ab, worunter die Menschen am meisten leiden. Vergleichen Sie verschiedene Religionen unter diesem Gesichtspunkt.

– In Ihrer Gegenwart wird davon gesprochen, dass ein Buddhist (bestenfalls) „ins Nirwana eingeht". Nutzen Sie Ihre erworbenen Kenntnisse und stellen Sie diesen Satz richtig.

T13 – Unternehmen Sie den Versuch, die Geschichte des Christentums in derselben Ordnung und Ausführlichkeit darzustellen, die T13 für den Buddhismus bietet.

T14 – Bobby beschreibt ihre religiöse Sozialisation; Vergleichen Sie mit dem, was Sie über Ihre eigene religiöse Sozialisation in Kapitel 1 geschrieben haben.

– Vergleichen Sie auch Bobbys Perspektive mit der ihres Vaters.

T15 – „Die Aufforderung, jeder solle in seiner Religion bleiben, kommt im Westen als die effektivste Werbung für den Buddhismus an, die sich überhaupt denken lässt."

– Diskutieren Sie diese These und klären Sie, worauf sie sich stützen könnte.

Fachbegriffe

Fügen Sie in Ihr Fachbegriffe-Verzeichnis ein:

▶ Achtsamkeit
▶ Ahimsa und Metta
▶ Nicht-Ich-Lehre
▶ Nirwana

Kompetenzen

Ich kann

■ anhand der legendarischen Stationen aus dem Leben Siddarthas Grundeinsichten des Buddhismus erklären

■ das Lehrgebäude des Buddhismus mit seinen Grundpfeilern „Vier edle Wahrheiten", „Achtfacher Pfad", „Achtsamkeit", „Ahimsa und Metta" erläutern (**Grundwissen**)

■ den grundlegenden Unterschied zwischen Buddhismus und Christentum anhand der Auffassung von der menschlichen Person, dem Ich, deutlich machen (**Grundwissen**)

■ einen groben Überblick über die Geschichte des Buddhismus und seine heutige Bedeutung geben

Quellenverzeichnis

Bildquellen

8, 16, 21, 31, 42, 47, 49 unten, 64, 70 unten rechts, 79, 97f., 116, 123, 129, 135, 137, 141, 149, 152, 161, 162, 164: © www.shutterstock.de

10, 32, 38: wikimedia

7: © http://www.taize.fr

9, 150: Foto S. Lautenegger © Ateliers et Presses de Taizé, F-71250 Taizé

10: © Kirchengemeinde Cadenberge, Pfarrer Bernd Hitzegrad

11: © kallejipp | photocase.com, bearbeitet von Druckerei / Verlag Ahrend, Baunatal; erstellt für die Männerarbeit der EKD zur Förderung der religiösen Sozialisation und des Verhältnisses von Vätern und Kindern

12: © Herbert Sachs/VERSION

13: http://www.jugendweihe-berlin-brandenburg.de

15: © Evangelische Kirche in Deutschland (EKD), www.ekd.de

19: Foto Sue Urban, 2001

20: Diakonisches Werk der EKD e.V.

24: © Bundespresseamt

26: © Marcus Kaufhold

28: oben © Bernd Zeller, unten © Thomas Plaßmann

33, 34, 35, 36, 37, 39: © Mission eine Welt/Lomb

38: © Dirk Silz

43: Quelle: Deutscher Ethikrat

44: Foto Bernd Tiggemann, Karikatur mit freundlicher Genehmigung von Werner Tiki Küstenmacher

48: Börsenverein des Deutschen Buchhandels e.V.

58: © Karlo Meyer, Hildesheim

69, 84f.: www.digitalstock.de

70 oben, 87: © AKG images

70 unten: © Succession Picasso/VG Bild-Kunst, Bonn 2011

71 oben: © Peter Butschkow, unten: © Luis Murschetz, Süddeutsche Zeitung

78: THE ROAD (2009) © 2929 Productions LLC, Licensed By. 2929 Productions LLC. All Rights Reserved.

81: © Heinz Birg, München

85: © AKG images

88: © Mechtild Denecke

93, 122, 132, 172: ddp images / AP

99: © Salvador Dalí. Fundació Gala – Salvador Dalí / VG Bild-Kunst, Bonn 2012

102: © Alice Bodnár

108, 112, 113: AKG-images

121: © Paola Piglia

138: © Elias Hassos

147, 159, 166: © Hannes Mauerer

150: © Matthias Schwarz

160: Foto Petra Schiefer

170f.: © Sascha Berger

171: Foto © Klaas Koppe

Textquellen

32, 80, 82, 88, 98, 112: Lutherbibel, revidierter Text 1984, durchgesehene Ausgabe in neuer Rechtschreibung, © Deutsche Bibelgesellschaft Stuttgart, Balinger Str. 31A, 70567 Stuttgart

9: http://www.taize.fr, © Ateliers et Presses de Taizé

10: Richard Dawkins, Der Gotteswahn, Berlin 2008, 453

11, 12 unten, 14: Herausgegeben von der Evangelischen Kirche in Deutschland, Herrenhäuser Str. 12, 30419 Hannover, http://www.ekd.de

12: Heinrich Simon, Leben im Judentum, Berlin 2003, 10

13: http://www.katholische-kirche.de/47045.html

13: http://www.jugendweihe.de/Jugendweihe.html

15: Religionsmonitor der Bertelsmann-Stiftung

16: © Hartmut Gericke, Hardegsen

20: © Diakonisches Werk der Evangelischen Kirche in Deutschland

21: Oliver Gengenbach, „Beraten, begleiten, bezeugen, beten …", in: Desmond Bell / Gotthard Fermor (Hg.): Seelsorge heute, 104f.

24: © Bundespresseamt

24: Daniel Sturm, Welt online vom 13. 10. 2010

25: Münchner Merkur vom 11. 10. 2010

26: Nadine Bös, Frankfurter Allgemeine Zeitung vom 20.01.2010

27: Paul Zulehner, www.zulehner.org (Zugriff 12. 04. 2011)

35 oben: Wilhelm Fugmann, Herwig Wagner, Von Gott erzählen, Neuendettelsau 1978, 83, 14f.; unten: © Mission eine Welt. Zentrum für Partnerschaft, Entwicklung und Mission der Evangelisch-Lutherischen Kirche in Bayern

36: Jochen Lay, Von der Pioniermission zur selbstständigen Kirche, Neuendettelsau 1985, 37

37: Lothar Gassmann / Johannes Lange, Was nun, Herr Drewermann? Anfragen an die tiefenpsychologische Bibelauslegung, 2. Aufl., Lahr 1993, 14

38: Philip Potter, Das Heil der Welt heute, Deutsche Ausgabe von Thomas Wieser, Stuttgart 1973, 181f.

39: Herausgegeben vom Kirchenamt der EKD im Auftrag des Präsidiums der Synode, Herrenhäuser Str. 12, 30419 Hannover

43: http://www.ekd.de/vortraege/070223_huber_hamburg.html

44: Dorothee Sölle, Das neue Babylon, Junge Kirche 7/53 (1992), S. 405

49: Gerd Theißen, Zur Bibel motivieren, © 2003, Gütersloher Verlagshaus, Gütersloh, in der Verlagsgruppe Random House GmbH

51: Gerd Lüdemann, Das Unheilige der Schrift. Die dunkle Seite der Bibel, 3. Aufl., Zu Klampen, Springe 2004, 24

51, 53: Eta Linnemann, Original oder Fälschung, Historisch-kritische Theologie im Licht der Bibel, Bielefeld 1994, 76f., 85

52: Gottfried Adam / Rainer Lachmann / Christine Reents (Hg.), Elementare Bibeltexte, Theologie für Lehrerinnen und Lehrer, Göttingen 2008, 15ff.

54: Martin Luther, Vorreden zur Bibel, 4. Auflage, Göttingen 2005, 15

56f.: http://www.theoblog.de/der-koran-fiel-vom-himmel-die-bibel-nicht/653/

58 oben: Dieter Krabbe, Freuet euch mit Jerusalem, München 1995, Kartei 125f., 129; unten: http://www.ekd.de/ezw/Lexikon_105.php

59: Andreas Brummer / Manfred Kießig / Martin Rothgangel (Hrsg.), Evangelischer Erwachsenen-katechismus, © 2010, Gütersloher Verlagshaus, Gütersloh, in der Verlagsgruppe Random House GmbH; Andreas Dieße, Abitur-Wissen Religion: Die Bibel, München 2009, 17; Joseph Ratzinger, Jesus von Nazareth, Teil 1, Freiburg 2006, S. 14; © Martin Plessas

60: Martina Steinkühler, Kinder in der Kirche: Bibelgeschichten sind Lebensgeschichten. Erzählen in Gemeinde, Familie und Schule, Göttingen 2011, 12

66: Hans Grothaus u.a.(Hg.), Zur Bibel, Schroedel Verlag, Hannover 1982, 72–75

67: http://www.br-online.de/bayern2/kalenderblatt/bibel-sinn-des-lebens-christian-feldmann-ID1262614673025.xml vom 13. 01. 2010

69: Deutsches Allgemeines Sonntagsblatt Nr. 16 vom 16.04.1999

70: Heinrich Schmidt, Margarete Schmidt, Die vergessene Bildersprache christlicher Kunst, C.H. Beck, München 1981

72, 74: Georg Steins in: Gradl, Steins, Schuller (Hg.) Am Ende der Tage, Pustet 2011

78f.: Die Zeit Nr. 41 vom 07. 10. 2010

81: Dorothee Sölle, Träume mich, Gott. Geistliche Texte mit lästigen politischen Fragen, Wuppertal 1994, 12f.

83f: Eugen Drewermann, Tiefenpsychologie und Exegese, Band 2, 6. Aufl., Düsseldorf 1993

85: Lothar Gassmann / Johannes Lange: Was nun Herr Drewermann? Anfragen an die tiefenpsychologische Bibelauslegung, Lahr, 21993

88: Ottmar Fuchs, Gerechtigkeit im Gericht – Ein Versuch, in: Anzeiger für die katholische Geistlichkeit 11/1995, 556, 558

96f.: Heiko Kleve, Der Tod und die schwarze Jugendkultur der Gothics, in: Andreas Brüning, Gudrun Piechotta, Die Zeit des Sterbens, Berlin, Milow 2003, 53–77

98: Clapton, Eric / Jennings, Will, Blue Sky Rider Songs/E C-Music, Rondor Musikverlag GmbH, Berlin, NEUE WELT MUSIKVERLAG GMBH, Hamburg

99: Hirsch, Ludwig, Fechter Musikverlag KG, Wien, Edition Karl Scheibmaier, Wien

100f.: Anita Rueffer, Die letzte Lebensreise – Freiburger Hospiz „Karl-Josef", © www.dreisamtal.de

102: Alice Bodnár, Der ewige Kollege, Göttingen 2009, 129–131

103: Alexander und Margarete Mitscherlich, Die Unfähigkeit zu trauern. Grundlagen kollektiven Verhaltens, München 2007, 30

104: Stephanie Witt-Loers, Sterben, Tod und Trauer in der Schule, Göttingen 2009, 20

111: Andreas Roth, Die Hoffnung ist groß, DER SONNTAG – Wochenzeitung für die Evangelisch-Lutherische Landeskirche Sachsens

112: Klaus Berger, Wie kommt das Ende der Welt?, Gütersloh 1999, 227f.

113: http://www.kirche-erzgebirge.de; Predigt vom 29.3.2010

114f.: Gisbert Greshake: Leben - stärker als der Tod: Von der christlichen Hoffnung, Freiburg i. B. 2008, 30

116: Rabindranath Tagore, Flüstern der Seele, Freiburg i. B. 2008, 30

117 oben: Yavuz Özoguz, Enzyklopädie des Islam, http://www.eslam.de (Zugriff 03.02.2011); unten: Werner Thiede, Die Hölle ist ausgelöscht. Warum die Hoffnung auf Allversöhnung theologisch legitim ist, zeitzeichen 11/2010, 17

122: © Frankfurter Allgemeine Zeitung, FAZ net vom 22.06.2010

124f.: Lawrence Kohlberg, Die Psychologie der Moral-entwicklung, Frankfurt a.M. 1995, 60

129: Jochen Mai, Fair gewinnt – das Ultimatumspiel, http://karrierebibel.de/fair-gewinnt-das-ultimatumsspiel

130: Wolfgang Trillhaas, Ethik, Berlin 1970, 365f.

131: Karl Marx, Friedrich Engels, Manifest der kommunistischen Partei, Grundsätze des Kommunismus, London 1848

136f.: © Petra Harms, Natascha Zeljko, München

138: Susanne Breit-Kessler, „Kommt man ohne Lügen durchs Leben? Und sollte man es überhaupt versuchen?", chrismon vom 14.09.2006

139: Rainer Erlinger, Lügen haben rote Ohren, Berlin 2005, 40

142f.: Publik Forum 2/2004, 48ff.

144: Karl-Friedrich Haag, Bausteine für eine christliche Ethik 1; Gymnasialpädagogische Materialstelle Erlangen, o.J., 72

148: Harald und Marlies Reinke, Kriya-Yoga-Center Deutschland, Brunngasse 5, 94032 Passau

149: Evangelische Zentralstelle für Weltanschauungsfragen, Information Nr. 112 Stuttgart X/1990, 2, 9

152 oben: Michael von Brück, zeitzeichen 11/ 2010, 36; unten: Rabindranath Tagore, Flüstern der Seele, Münster 2001, 135f.

153: Michel Piquemal, Philippe Lagautière, Philo Fabelhaft. 63 Fabeln aus aller Welt und ihre philosophische Bedeutung, Kempen 2004, 28f.

154: Thomas Schweer, Stichwort Hinduismus, München 1994, 58

156: Mahatma Gandhi,

160f., 166: Adelheid Herrmann-Pfandt, Nichts einfach nur glauben, in: zeitzeichen 9/2010, 23–25

162 oben: Gautama Buddha, Die vier edlen Wahrheiten. Texte des ursprünglichen Buddhismus, München 1991, 17

163, 172: in: Die vier edlen Wahrheiten. Die Grundlage buddhistischer Praxis, hg. von Klaus Myting, Frankfurt/M. 2011

164: Anguttara-Nikaya, Die Lehrreden des Buddha aus der angereihten Sammlung, Bd. 2, Freiburg, Braunschweig, u.a. 1993, 78

167: H.-J. Greschat, Die Religion der Buddhisten, UTB 1048, Stuttgart, 72ff.

168: Jörg Zink, Was bleibt, stiften die Liebenden, Stuttgart 1984, 234f.

170f.: http://www.buddhakids.de/page38/page45/page45.html (Zugriff: 17.01.2012)